Suhrkamp BasisBiographie 13 Samuel Beckett

Leben Werk Wirkung

Gaby Hartel, geboren 1961, lebt als freie Kulturjournalistin, Radioautorin und literarische Übersetzerin in Berlin. Sie hat über Samuel Beckett als visuellen Künstler promoviert und mehrere Aufsätze über ihn verfasst. Seit 2000 kuratorische Mitarbeit an verschiedenen Ausstellungsprojekten, u.a. »Samuel Beckett/Bruce Nauman« (Kunsthalle Wien, 2000).

Carola Veit hat sich in ihrer Promotion mit dem Thema *Ich-Konzept und Körper in Becketts dualen Konstruktionen* (Berlin 2002) beschäftigt. Als freie Literaturwissenschaftlerin hat sie wissenschaftliche Symposien für die internationale Beckett-Forschung mitorganisiert – u.a. koordiniert und co-kuratiert sie die Veranstaltungen zu Becketts 100. Geburtstag 2006 in Berlin und Hamburg – und hat verschiedene Beiträge veröffentlicht.

Samuel Beckett

Suhrkamp BasisBiographie
von Gaby Hartel und Carola Veit

Suhrkamp BasisBiographie 13 Erste Auflage 2006 Originalausgabe
© Suhrkamp Verlag Frankfurt am Main 2006
Druck: Clausen & Bosse, Leck · Printed in Germany
Umschlag: Hermann Michels und Regina Göllner
ISBN 3-518-18213-7
Die Schreibweise entspricht den Regeln der neuen Rechtschreibung, Zita-
te werden in ihrer ursprünglichen Rechtschreibung belassen.

1 2 3 4 5 6 – 11 10 09 08 07 06

Inhalt

7 Samuel Beckett: Ikone des 20. Jahrhunderts

Leben
11 Kindheit und Jugend (1906-1923)
17 Studium, intellektuelle Leidenschaften und erste Liebe (1923-1928)
20 Paris: Eine Offenbarung (1928-1930)
28 Rückkehr nach Dublin: Ungeliebte Lehre, Krankheit und Fluchtwege (1930-1931)
33 Wanderjahre (1932-1936)
37 Die deutsche Reise (1936-1937)
41 Paris: Selbstgewähltes Exil und Zweiter Weltkrieg (1937-1945)
45 Nach dem Krieg: Heimat in Paris und in der Kunst (1945-1953)
52 Ruhm, Regie und Experiment (1953-1988)
65 »Ein Mal auf dem Schweigen« (1988-1989)

Werk
67 Vom Provokateur zum Klassiker der Moderne
67 Sprachzerstörung: Die frühen Romane
(*Traum von mehr bis minder schönen Frauen –
Mehr Prügel als Flügel – Murphy – Watt*)
74 Selbstbetrachtungen: Erzählungen und Trilogie
Novellen und *Mercier und Camier* 75 – *Molloy* 76 –
Malone stirbt 77 – *Der Namenlose* 79 – *Texte um
Nichts* 81
82 Kleine Welten: Große Theaterstücke
Warten auf Godot 83 – *Endspiel* 87 – *Das letzte
Band* 91 – *Glückliche Tage* 94
96 Besser scheitern: Das Spätwerk
Wie es ist 97
Hörspiele (*Alle die da fallen, Aschenglut, Worte und
Musik, Cascando*) 99

Filme und Fernsehstücke (*Film, He, Joe, Geistertrio,
… nur noch Gewölk …, Nacht und Träume,
Quadrat)* 100
Kurzdramen (*Spiel, Nicht Ich, Damals, Tritte, Rockaby,
Ohio Impromptu, Katastrophe*) 103
Kurzprosa (*Der Verwaiser, Gesellschaft, Schlecht gesehen
schlecht gesagt, Aufs Schlimmste zu, Immer noch nicht
mehr*) 108

Wirkung

112   Beckett im Alltag
114   Aufruhr und Aufbruch im Theater
116   Was soll, was darf die Literatur nach 1945?
118   Spiegel der Wirklichkeit?
119   Kunst oder Leben! Beckett als Kampfbegriff
121   Beckett, Brecht, Müller
123   Beckett im westdeutschen Literaturbetrieb
125   Osteuropa
126   Medienkünstler Beckett
128   Beckett in der bildenden Kunst
131   Musikalisches Echo
133   Wie weiter? Stimmen zeitgenössischer Schriftsteller

Anhang

137   Zeittafel
141   Bibliographie
148   Personenregister
152   Werkregister
154   Bildnachweis

Samuel Beckett: Ikone des 20. Jahrhunderts

 Am 22. Dezember 1989 teilt der Nachrichtensprecher der *Tagesschau* den Tod des irischen Schriftstellers und Nobelpreisträgers Samuel Beckett mit. Beckett hat Berühmtheit erlangt. Mehr noch, er ist zur Ikone, zum Kulturgut geworden. Blättert man im Postkartenständer mit Kunstkarten, stößt man gelegentlich auf eine Schwarzweißfotografie einer alten, verschlossenen Holztür mit einem Schild: »Komme gleich wieder. Godot«.

Der stille Revolutionär der Literatur des 20. Jahrhunderts entstammte einer gutbürgerlichen, protestantischen Familie im katholischen Irland. Sohn einer Krankenschwester und eines Baukalkulators, ergriff er entgegen allen Erwartungen den Beruf des Schriftstellers. Über kaum einen anderen Autor ist so viel geschrieben worden wie über ihn, der sich selbst zu seinem Werk nie erklärend geäußert hat. Er, der Autor der monadischen Einsamkeit, hat ein Millionenpublikum ins Theater gezogen.

Leben und Werk durchdringen sich bei Beckett häufig auf eine sehr direkte Weise. Die Wirklichkeit diente ihm als eine sinnlich-metaphorische Vorlage für seine literarischen Bilderwelten. Umgekehrt betrachtete er seine Umgebung mit den Augen eines Malers: Die winterliche Stimmung im Berliner Grunewald etwa erinnerte ihn an die Bilder von Jan Breughel d. J. Zeit seines Lebens war der Autor auf der Suche nach der für ihn »richtigen« Form, um die prinzipielle Trennung der Menschen voneinander, ihre Einsamkeit, ihre Missverständnisse und gegenseitigen Verletzungen zu formulieren. Das unsichtbare Geflecht der verwirrenden menschlichen Beziehungen war sein Thema. Unermüdlich setzte er sich mit der Sprache auseinander, kämpfte gegen sie, um mehr aus ihr herauszuziehen, rang um ihre Erneuerung. Nichtsprachliche visuelle und auditive Mittel stellte er ihr zur Seite. Für technische Neuerungen wie Film, Radio, Tonband und Fernsehen interessierte er sich brennend und versuchte sich hartnäckig

und voller Akribie in neuen Medien. Insbesondere im Spätwerk schuf er damit fast meditative Szenen und Momente der
Versenkung. Seine Bilder der Einsamkeit formulierte er mit
immer größerer Intensität.

Wie er multimedial produzierte, so schrieb er auch mehrspra-
chig. Seine Heimatstadt Dublin bot ihm schon in Jugendjah-
ren nicht den künstlerischen Nährboden, den er suchte: Die
Literatur aus der Zeit des Osteraufstandes von 1916 war natio-
nalistisch und sentimental, und Becketts eigene frühe Romane wurden von der Zensur verboten, so dass er sie erst in
den dreißiger Jahren in England veröffentlichen konnte.
Nach mehreren Aufenthalten in Deutschland fand er schließlich in Paris die Anregungen und Avantgarden, die ihn weiter-
brachten. Deutsch und Französisch waren ihm so geläufig wie
seine Muttersprache. Als geübter Übersetzer übertrug Beckett
seine englischen Texte selbst ins Französische und umgekehrt
und korrigierte die deutschen Fassungen. Nicht ohne Grund
kam Siegfried Unseld 1963 auf die Idee, Becketts Werke im
Suhrkamp Verlag dreisprachig herauszugeben.

Bereits in den dreißiger Jahren fand Beckett, wo immer er sich
aufhielt, schnell Kontakt zu der jeweiligen Kunstszene. Er studierte und kritisierte die verschiedenen neuen Richtungen,
stets auf der Suche nach einem Gleichgesinnten. Auch wenn
er sich dem Gängigen zumeist verwehrte, setzte er in seinen
Romanen das Erlernte experimentierfreudig ein und arbeitete
sich daran ab. Nach dem Krieg gehörte er schon bald dem
Kreis um den Verleger der *Editions de Minuit* an, der den
»Nouveau roman« prägte. Seine Originalität lag in der scharf-
sinnigen Verarbeitung des stets Neuen.

Ebenso regen Anteil nahm Beckett am Tagesgeschehen. Er
war keineswegs nur der schweigsame, weltabgewandte Asket,
als der er gerne gehandelt wird. Sein Leben in Paris, Hamburg, Berlin, London war durchaus gesellig, den Frauen war
er nicht abgeneigt und pflegte die eine oder andere Liaison.
Dennoch hielt seine Beziehung mit der Pianistin Suzanne
Deschevaux-Dumesnil über 50 Jahre bis zu ihrem Tod. Trotz
seiner Sportlichkeit litt Beckett stets unter immer neuen kör-
perlichen Beschwerden, die ihn aber nicht daran hinderten,

seinem Wissensdurst folgend, sich die Welt vorzugsweise zu Fuß zu erschließen. Ironisch, ja, regelrecht zynisch kommentierte er seine Umwelt. Er war ein scharf beobachtender Kritiker und konnte ein vernichtender Kommentator sein. Mit einem ausgeprägten Gerechtigkeitsgefühl ausgestattet, interessierte er sich für Politik und bezog durch sein Handeln mehrfach unmissverständlich Stellung.

Mit seinen künstlerisch-minimalistischen Experimenten übte er massiven Einfluss auf jüngere Generationen aus. Harold Pinter, Botho Strauß, Heiner Müller, Luc Bondy sind nur einige Namen derer, die Beckett folgten oder ihn bekämpften. Doch nicht nur in Literatur und Kunst, sondern selbst in der Werbeindustrie bediente man sich seiner markanten Bilder. Und noch immer entdecken die wissenschaftliche Forschung und die Theaterregisseure neue Seiten an diesem widersprüchlichen, facettenreichen Charakter und seinem konsequent entwickelten künstlerischen Werk.

Leben

Kindheit und Jugend (1906-1923)

Ein stürmischer Tag im Sommer 1916: Die Wellen schlagen hoch in der Felsenbucht von »Forty Foot«, der beliebten Badeanstalt im Dubliner Vorort Dun Laoghoire. Mit ihren schroffen Klippen ist die Stelle nicht ganz ungefährlich, so dass die Auflage »Nur für Herren« vielleicht nicht nur der zeittypischen Prüderie zuzuschreiben ist. Ein kräftiger Mann kämpft mit der aufgewühlten See, was ihm offensichtlich Spaß macht. Sein Blick ist auf den kleinen Sohn geheftet, der hoch oben auf dem Sprungbrett steht: »Er ruft, Los, spring! Er ruft, Nur Mut!« Und der kleine Beckett springt trotz seiner Angst, denn »alle schauen zu dir hinauf«, wie er Jahrzehnte später in seinem Prosatext *Gesellschaft* schreiben wird (W 5, S. 185). Als Kind ging Beckett gerne mit seinem Vater schwimmen, wie überhaupt der Sport eine starke Verbindung des ein wenig verschlossenen, zarten Jungen zu anderen Menschen war.

William (Bill) Beckett galt unter seinen Freunden als Prachtkerl. Er war geachtet als Geschäftsmann, Mitglied der besseren Dubliner Herrenclubs und jovialer Zeitgenosse, der das Leben in vollen Zügen genoss, viel Sport trieb und in Autos vernarrt war. Nach den Worten seines Sohnes war er »absolut nicht-intellektuell« (zit. n. Knowlson 2001, S. 28). Das musste er auch nicht sein, denn als tüchtiger Baukalkulator hatte er es früh zu einer eigenen Firma gebracht, der angesehenen »Beckett & Medcalf«. Mit Kunst und Literatur konnten er und seine Frau wenig anfangen, und so besaßen sie auch keine nennenswerte Bibliothek. Allerdings tauchte Vater Beckett

Vater William Beckett

> »Sein Vater [...] schaltete das Buch an, stellte die Verbindung her, und alles andere kam von selbst. Das war die richtige Art zu lesen – die literarische Voltspannung ermitteln, die einem zuträglich ist, und dann den Buchstrom anstellen. [...] Sein Vater aber hatte sie nie eingebüßt, er saß reglos im Lehnstuhl unter der singenden Lampe, versunken und gelöscht.« (Samuel Beckett, *Traum von mehr bis minder schönen Frauen*, S. 74 f.)

oft selbstvergessen in seine Edgar-Wallace-Schmöker ein – ein Lektüreverhalten, das sein Sohn später amüsiert, aber auch ein bisschen neidisch kommentierte, wie James Knowlson hervorgehoben hat.

Der Vater nahm seine beiden Jungs gerne auf lange Wanderungen mit ins Dubliner Umland zum Schwimmen, auf den Golfplatz oder zu Besuchen bei der Verwandtschaft. In William Becketts temperamentvoller Familie wurde viel gelacht, man erfand scharfsinnige Spitznamen und liebte Sprachspiele. Onkel Howard, der einmal den Schachweltmeister José Raúl Capablanca y Graupera geschlagen hatte, brachte seinem Neffen Sam schon früh die kniffeligen Züge bei, mit denen dieser später im Spiel gegen den Künstler Marcel Duchamp punkten, wenn auch nicht gewinnen konnte. Die Freizeitaktivitäten mit dem Vater prägten den jungen Beckett. Wenn er auch in späteren Jahren die stundenlangen Fußmärsche von den Feldwegen auf den Asphalt der europäischen Metropolen London, Paris, Berlin und Hamburg verlegte, die Leidenschaft blieb die gleiche: Beim Gehen entspannte er sich, sein Kopf wurde angenehm leer, und Erinnerungen durchfluteten ihn. Gleichzeitig konnte er seiner Lust am Schauen freien Lauf lassen.

Charme und Melone: Becketts Vater William

Bis zu seiner Teenagerzeit blieb Beckett ein eifriger Sportler und fiel vor allem durch hervorragende Leistungen beim Kricket auf. Er tat sich auch beim Boxen, Tennis, Schwimmen und Golf hervor. Charakteristisch für Becketts aktives Sportverhalten ist, dass er keinem seiner Freunde als ehrgeizig im Gedächtnis blieb. Es scheint ihm um die Freude an der Bewegung und am eigenen Können gegangen zu sein – nicht ums Gewinnen als Selbstzweck. Als Beckett alt genug war, spendierte sein Vater ihm ein Motorrad, mit dem er draufgängerische Rennen fuhr, später gab es einen Sportwagen. Auch hier war der junge Mann nicht zimperlich, wurde schnell für seinen rasanten Fahrstil bekannt und 1937 wegen rücksichtslosen Fahrens zu einer Geldstrafe verurteilt.

Einer Jugendfreundin Becketts zufolge hing der Vater sehr an seinen beiden Söhnen, und als sie heranwuchsen, versuchte er »geradezu verzweifelt, sie zu verstehen« (Mary Manning Howe; zit. n. Brater 1989, S. 10). So unterstützte er den nach bürgerlichen Vorstellungen nicht mehr recht funktionierenden Sam auch noch zu einem Zeitpunkt, als ihm dessen Lebenswandel sicher nicht mehr nachvollziehbar war.

Becketts Geburtshaus »Cooldrinagh«

Als knapp 30-Jährigem fiel William Beckett während eines Krankenhausaufenthalts seine Krankenschwester angenehm auf. Mary (May) Roe war eine resolute, etwas strenge gleichaltrige Dame, die aus einer protestantischen Landadelsfamilie stammte. Ihr Vater, Samuel Roe – Getreidehändler und Besitzer einer Mühle –, war während einer geschäftlichen Flaute gestorben und hatte seiner Familie einen Schuldenberg hinterlassen. Aus diesem Grund musste May schon mit 15 Jahren als Krankenschwester auf eigenen Füßen stehen, was ihr nichts auszumachen schien: Sie hatte etwas Geradliniges, zupackend Praktisches, und als junges Mädchen fand man sie eigenwillig. Auch wenn sich Patient und Krankenschwester nicht Hals über Kopf ineinander verliebten, sondern die Verbindung einigen Beobachtern eher wie ein gutes Arrangement vorkam, gab es durchaus sehr verbindende Dinge wie etwa ihre Liebe zu Tieren und zur Natur. May konnte sich stundenlang im Garten beschäftigen, und wenn sie von einer ihrer gefürchteten Stimmungsschwankungen überfallen wurde, zog sie sich in den verwilderten Teil ihres großen Grund-

Mutter May Roe

stücks zurück, wo sie dem Dickicht zu Leibe rückte, bis es ihr besser ging. May Roe und William Beckett verband wohl ein Zusammenspiel von Neigung und praktischer Vernunft. 1901 heirateten sie. William Beckett baute für seine zukünftige Familie im schicken Dubliner Vorort Foxrock ein repräsentatives Haus mit Garten, das es sogar auf die Seiten einer Architekturzeitschrift brachte. May taufte ihr neues Zuhause »Cooldrinagh«, und hier kamen die beiden Söhne des Ehepaars zur Welt. Frank Edward wurde am 26. Juli 1902 geboren, Samuel Barclay am 13. April 1906. Letzteres war ein Karfreitag und damit ein »passendes Datum« (Knowlson 2001, S. 17) für einen, der im christlich-kulturellen Kontext aufwächst und sich in seiner späteren schriftstellerischen Arbeit mit den leidvollen Grundproblemen des Menschseins beschäftigen wird. So passend, dass man Beckett wegen der versehentlichen Falscheintragung in seiner Geburtsurkunde jahrelang unterstellte, er habe sein Geburtsdatum der symbolischen Pointe wegen gefälscht.

Aufgrund ihrer Temperamentsunterschiede richteten sich die Eltern früh in einer gut funktionierenden Zweckehe ein. Es gab klar abgegrenzte Lebensbereiche: William ging seiner Arbeit und den Freizeitaktivitäten nach, May war zuständig für die Kinder, den Haushalt – samt Dienstmädchen und Essensgong –, für den Garten und das Engagement in der Kirchengemeinde.

Mutter-Sohn-Verhältnis Becketts Verhältnis zu seiner Mutter war jahrzehntelang angespannt und ambivalent, wie diese Kindheitserinnerung aus der späten Erzählung *Gesellschaft* deutlich macht: »Als kleiner Junge kommst du aus der Fleischerei Connolly, an der Hand deiner Mutter. […] Ihr geht eine ganze Weile schweigend in der lauen, stillen Sommerluft. […] Indem du zum blauen Himmel aufblickst und dann zum Gesicht deiner Mutter, unterbrichst du das Schweigen mit der Frage, ob er nicht in Wirklichkeit viel weiter weg sei, als es den Anschein hat. Der Himmel, natürlich. […] Da du keine Antwort bekommst, formulierst du deine Frage im Kopf um […] Aus irgendeinem Grunde, den du nie herausfinden konntest, mußte diese Frage sie zutiefst irritiert haben. Denn sie stieß deine kleine

Hand von sich und gab dir eine Antwort, die dich so verletzte, daß du es nie vergessen hast.« (W 5, S. 180 f.)

Unwille über ins Kraut schießende Gedanken scheinen der Grund für ihre Zurückweisung zu sein. Doch wie genau diese stürmische Mutter-Sohn-Beziehung aussah, ist schwer zu entscheiden. Dass May aber aus Herrschsucht jede eigenständige Bewegung ihrer Söhne zum Machtkampf ausarten ließ, wie Deirdre Bair nahe legt, scheint dramatisiert. James Knowlson betont in seiner Biographie, dass Becketts Mutter durchaus ihre entspannten Momente hatte – besonders wenn sie sich mit Bekannten über Tiere und Pflanzen austauschte. Sie konnte herzhaft lachen und war in der Nachbarschaft beliebt. Als die Kinder klein waren, bemühte sich May, ihre Mutterrolle gut auszufüllen: Kinderfeste und Picknicks wurden organisiert und die Söhne samt ihren Freunden in einem Eselskarren herumkutschiert. Berüchtigt waren allerdings ihre Schlafstörungen, die sie nachts stundenlang im Haus auf und ab gehen ließen – eine Situation, die in *Tritte,* einem späten Theaterstück ihres Sohnes, wieder auftauchen sollte.

»[Becketts Mutter war ein] sehr launischer Mensch, sehr launisch. [...] Ich glaube die Jungens hatten einen Heidenrespekt vor ihr.« (Becketts Jugendfreundin Mary Manning Howe; zit. n. Brater 1989, S. 10)

Tritte, vgl. S. 105 f.

May Beckett erzog ihre Söhne nicht nur sehr rigide nach bürgerlichen Anstandsregeln, sondern auch nach strengen protestantischen Moralvorstellungen: Selbstkontrolle, Disziplin, hohes Arbeitsethos und Höflichkeit galten als unumstößliche Werte, Abweichungen vom Verhaltenskode waren nicht vorgesehen. Vor diesem Hintergrund ist es vielleicht verständlich, dass sie die späteren Versuche ihres Sohnes, sich als Schriftsteller zu etablieren, als Ausschweifung verstand, der sie mit Entschiedenheit entgegentreten musste. »Er scheint ihr eine ständige Sorge gewesen zu sein. Lebenslang. Natürlich war er schon früh widerspenstig [...]. Was er nicht wollte, dazu ließ er sich nicht zwingen.« (Becketts Cousine Sheila Page über die Beziehung zwischen Mutter und Sohn; zit. n. Knowlson 2001, S. 42)

Schon früh fiel den Eltern an ihrem Sohn eine Mischung aus sensibler Zurückhaltung und beunruhigender Leichtfertigkeit auf. Samuel und sein älterer Bruder Frank rauften gern,

Sensibel, eigen
und beschützt:
der dreijährige
Samuel mit
seinem Bruder
Frank

und bei den Tennisturnieren, die auf ihrem privaten Tennis-
platz stattfanden, traten die Nachbarskinder nur ungern gegen die hart »auf den Mann« gespielten Bälle der Brüder an.
Aber der kleine Sam mochte es auch gefährlicher: Einmal erforschte er das Innere eines Benzinkanisters mit Hilfe eines
Streichholzes – er hatte Glück und kam mit versengten Au-
genbrauen davon. Sehr gerne kletterte er auch in den höchs-
ten Wipfel einer Föhre und ließ sich dann in die Tiefe fallen,
in der Hoffnung, dass die unteren Äste seinen Sturz abfeder-
ten. Ob diese Aktionen ein Protest gegen das häusliche Regle-
ment waren oder kindliche Selbstüberschätzung, ist schwer zu
entscheiden. Dass sie den Zorn der Mutter provozierten, ist
sicher.

Erste Lektüre   Und was war mit der Literatur? Die »boulimie de savoir«
(Beckett; zit. n. Dukes 2001, S. 17) hatte den jungen Beckett

schon früh erfasst, er las viel, begierig und mit kindlicher Selbstvergessenheit, wie er später sagte. Er liebte die Klassiker der Kinderliteratur: *Oliver Twist, Die Schatzinsel* und vor allem die Krimis von Arthur Conan Doyle. Bei der Lektüre von Krimis konnte er sich auch später immer wieder gut entspannen, und die Dramaturgie des »Whodunnit« taucht in seinem Werk häufig auf. Außerdem war Beckett schon als junger Mensch ein guter Beobachter, eine nicht zu unterschätzende Voraussetzung für einen späteren Schriftsteller: Es machte ihm Freude, genau hinzuschauen, die Atmosphäre von Orten in sich aufzunehmen und in die Welt hineinzuhorchen.

Bereits im Kindergarten lernte der kleine Sam Klavier spielen und Französisch. Er brillierte in der Grundschule – der nahe gelegenen Earlsfort House School – und später im Internat weniger durch traditionell-schulische als durch musikalische und sportliche Leistungen. Die klassischen Komponisten, allen voran Beethoven und Schubert, hat Beckett sein Leben lang mit Leidenschaft gespielt, und beide Komponisten übten einen entscheidenden Einfluss auf seine Ästhetik aus. Auch Becketts Gabe, dauerhafte Freundschaften zu schließen, war früh zu erkennen: Einigen Mitschülern blieb der nomadische Autor bis ins frühe Erwachsenenalter verbunden, anderen lebenslang.

Studium, intellektuelle Leidenschaften und erste Liebe (1923-1928)

Zum Herbst 1923 schrieb sich der 17-jährige Beckett am Trinity College in Dublin ein, einer traditionsreichen Institution, die überwiegend den wohlhabenden Protestanten vorbehalten war und an der vor ihm schon Größen wie Swift, Goldsmith, Wilde und Synge studiert hatten. Da der ältere Bruder Frank mit Blick auf einen Einstieg in die väterliche Firma Ingenieurwesen studierte, nutzte Beckett das Privileg des Jüngeren und belegte die damals wie heute klassischen Frauenfächer Italienisch und Französisch. Im ersten Studienjahr wies noch wenig darauf hin, dass der schüchterne junge Undergraduate bald ein sensationell guter Student werden sollte. Doch nach und nach entwickelte er unter dem Einfluss

Trinity College

seiner Lehrer intellektuelle Leidenschaften etwa für Dante oder Descartes.

»Ruddy« Rudmose-Brown Besonders entscheidend für Becketts geistige Entwicklung war sein Romanistik-Professor Thomas B. Rudmose-Brown, ein äußerst eigenwilliger und auch umstrittener Lehrstuhlinhaber. Der temperamentvolle Mittvierziger war berühmt-berüchtigt wegen seiner exzentrischen Launen und zynischen Kommentare, und wen er nicht mochte, den ließ er es spüren. Er schätzte den jungen Beckett, der ihm durch seinen Intellekt, sein ausgeprägtes Sprachgefühl und seine reflektierten, durchaus auch eigenwilligen Arbeiten aufgefallen war. Schon bald erhob er den stillen Studenten zu einer Art Meisterschüler und öffnete ihm – wie Beckett später sagte – »alle möglichen Türen« (zit. n. Knowlson 2001, S. 75). »Ruddy«, wie die Studenten ihn nannten, war in vielerlei Hinsicht ein Vorbild für Beckett, etwa in seiner Haltung zur Literatur. Es war unübersehbar, dass dieser Professor mit Begeisterung las und

Der Sportler hat die Literatur entdeckt: Samuel Beckett als junger Student dass Literatur für ihn mehr bedeutete als bloßer ›Lehrstoff‹. Becketts spätere Einstellung, dass »literarische Kritik […] keine Buchhaltung« sei, wie auch sein Misstrauen gegenüber den »Analogiekrämern« (*Dante*, S. 9) des akademischen Betriebs haben wohl hier ihre Wurzeln. In Rudmose-Browns Vorlesungen und Seminaren lernte Beckett den klassischen Kanon der französischen Literatur kennen. Für die frühen zwanziger Jahre besonders ungewöhnlich war »Ruddys« Engagement für zeitgenössische französische Autoren. Er las über Marcel Proust, André Gide und Valéry Larbaud, war mit einer Reihe dieser Schriftsteller persönlich bekannt oder stand mit ihnen im Briefkontakt. Was Beckett hier geboten bekam,

> »Bitternötiges Licht kam auf mich von ›Ruddy‹, aus seinem Unterricht und seiner Freundschaft. Ich denke oft an ihn und immer mit dankbarer Anhänglichkeit.« (Samuel Beckett an Roger Little am 18. Mai 1983; zit. n. Knowlson 2001, S. 75)

war gelebte Literaturwissenschaft, die weit über Faktenwissen und Gelehrsamkeit als reinen Selbstzweck hinausging. Er war fasziniert.

Schon in seinen frühen Schriften oder Briefen fällt Becketts stark persönlicher Zugang zu Schriftstellern und Künstlern auf. Er geht scharf ins Gericht mit Balzac oder dem späten Goethe, mit Rembrandt, Frans Hals oder Tizian. Seine Empörung über deren routinierte Fingerfertigkeit ist dabei ebenso groß wie die Bewunderung für die unaufdringliche Intensität des Dichters John Keats oder die lyrischen Arbeiten der damals wenig bekannten Maler Giorgione und Adam Elsheimer.

In die Studienzeit fällt auch Becketts erste – unerwiderte – Liebe zu seiner Kommilitonin Ethna MacCarthy. Die junge Frau war brillant und temperamentvoll, witzig und sehr direkt im Umgang mit Männern. Becketts Werbung hatte keinen Erfolg, aber zwischen den beiden entwickelte sich eine lebenslange Freundschaft, und da der Dichter seine Angebetete nicht ›haben‹ konnte, verewigte er sie als exzentrische Partyqueen »Alba« in seinem ersten Erzählungsband *Mehr Prügel als Flügel.*

Ethna MacCarthy

Selbstbewusste und geistreiche Frauen zogen Beckett immer wieder an. Allesamt Eigenschaften, über die auch seine Cousine Peggy Sinclair verfügte, in die er sich 1927 heftig verliebte. Diesmal wurde eine Beziehung daraus, die beider Eltern allerdings skeptisch verfolgten. Peggy war die Tochter von Becketts bohemienhafter Tante Cissie, der man die Heirat mit dem jüdischen Kunsthändler William (»Boss«) Sinclair nie ganz verziehen hatte. Cissie war in den frühen zwanziger Jahren mit ihrem Ehemann und den Kindern nach Kassel gezogen, da beide hofften, zeitgenössische Kunst im aufgeschlossenen Deutschland der Weimarer Republik besser verkaufen zu können als im konservativen Dublin. Cissie Sinclair war ein warmer, offener, humorvoller Mensch, in dessen anregend chaotischem Kasseler Haushalt Beckett oft seine Ferien verbrachte. »Boss« Sinclair besaß eine ausgezeichnete Sammlung deutscher Expressionisten, und

Unabhängig und temperamentvoll: Becketts frühe Liebe Peggy Sinclair

hier wurde wohl der Grundstein für Becketts starkes Interesse
an der deutschen Avantgarde gelegt.

Schon auf Kinderfotografien fällt der skeptisch-trotzige Blick
des kleinen Sam ins Auge. Diese Skepsis wandte er jetzt zunehmend gegen ein selbstgefälliges Bürgertum und dessen
konventionelle Kunstauffassung. Auf seine stille Art wurde er
ein gesellschaftlicher Rebell: Misstrauisch beäugte er das be-
queme Leben seiner Herkunft, beobachtete mit scharfem
Blick die Rituale und Alltagsgebräuche seiner Schicht und
entwickelte eine – auch alterstypische – Vorliebe für die Aus-
steiger und Chancenlosen, deren Manierismen und Ticks er
in seinem Werk beschreibt. Als eine Bekannte später mo-
nierte, er hätte nur für Versager etwas übrig, kommentierte
Beckett den Tadel: »Und das fand ich so ziemlich das Net-
teste, was man mir seit langer Zeit gesagt hat« (Brief an Thomas MacGreevy, 8. September 1935).

> »Seine hellen, blauen, tief liegenden Augen sind ständig mit
> aktivem Schauen beschäftigt. Er scheint ihnen aus Gründen der
> Arbeitsteilung nur diese und keine andere Funktion gegeben
> zu haben.« (Der amerikanische Theaterwissenschaftler Tom Dri-
> ver über Samuel Beckett; zit. n. Graver/Federman 1979, S. 218)

Unterdessen bereitete Rudmose-Brown seinen Schüler auf
eine Universitätskarriere vor. Beckett schloss das College im
Herbst 1927 als Jahrgangsbester mit einer »Large Gold Medal«
ab, und sein Mentor vermittelte ihn als Lehrer ans Campbell
College im nordirischen Belfast. Hier unterrichtete er neun
Monate lang und empfand diese Zeit als belastend. Doch im
Herbst 1928 ging es bergauf: Im Rahmen eines Austauschpro-
gramms des Trinity College trat Beckett eine Stelle als Eng-
lischlektor an der renommierten Ecole Normale Supérieure in
Paris an. Hier wurde der Schriftsteller Beckett geboren.

Paris: Eine Offenbarung (1928-1930)

Ohne die nun folgenden beiden Jahre wäre sein Leben mit Si-
cherheit anders verlaufen. Das Paris der späten zwanziger
Jahre bot dem jungen Lektor Möglichkeiten, von denen er zu

Hause nur hatte träumen können. Hier pulsierte das künstlerische Leben. Und wenn auch die ersten Sensationen der Moderne schon 20 Jahre zurücklagen, war Paris immer noch die »Stadtgottheit« (Canetti) der zeitgenössischen Avantgarde. **Die »Stadtgott-** Man diskutierte den Surrealismus, experimentierte mit neuen **heit« Paris** Formen in Kunst und Literatur und setzte sich mit dem jungen Medium Film als künstlerischem Ausdrucksmittel auseinander. Was für einen angehenden Schriftsteller wie Beckett aber das Wichtigste gewesen sein mochte: Die Avantgardisten lebten tatsächlich hier; man konnte ihnen in Cafés, im Theater oder auf der Straße begegnen. Im Verlauf der späten zwanziger und dreißiger Jahre lernte Beckett eine Reihe namhafter Künstler persönlich kennen. Mit Marcel Duchamp spielte er Schach, Alberto Giacometti traf er häufiger, er kannte André Masson, war ab 1937 eng mit Geer van Velde und später mit dessen Bruder Bram befreundet. 1939 lernte er den, wie er sagte, »sympathischen alten Sibirier« (zit. n. Knowlson 2001, S. 370) Wassily Kandinsky kennen. Die neuen Bekanntschaften und Aktivitäten festigten Neigungen, die Beckett bereits am Trinity College entwickelt hatte: seine Skepsis gegenüber der konventionellen, »zeilenschinderische[n] Vulgarität einer Literatur der Aufzeichnungen« (*Proust,* S. 69) und einer »zu Tode abstrahierten Sprache« (*Dante,* S. 21), die seiner Meinung nach nichts mehr ausdrücken konnte. Ferner vertiefte sich seine Abneigung gegen literarischen Smalltalk innerhalb der Cliquen des Kulturbetriebs, und seine Faszination für die bildende Kunst und den Film wurden gesteigert. Den Leistungssport (Kricket, Golf und Schwimmen) gab Beckett jetzt auf, wanderte aber geradezu obsessiv durch das verästelte Straßensystem der Großstadt. Gelegentlich begleitete er seinen Freund und Kollegen Alfred Péron in dessen Tennisclub, wo sie mit einer Bekannten, Suzanne Deschevaux-Dumesnil, **Suzanne Desche-** spielten. Beckett mochte die sechs Jahre ältere, dynamische **vaux-Dumesnil** Französin, die ein Jahrzehnt später seine Lebensgefährtin werden sollte.

Besonders folgenreich war die Begegnung mit Thomas Mac- **Thomas** Greevy, Becketts Vorgänger als lecteur d'anglais an der Ecole **MacGreevy** Normale. Der 13 Jahre ältere Kunstpublizist und spätere Direktor der National Gallery of Ireland (Dublin) war charmant und gesellig. Er konnte wunderbar erzählen und war ein hervorragender Zuhörer. Seine gewinnende Art und die Kompetenz in Sachen Literatur und Kunst verschafften ihm Zugang zu verschiedenen Pariser Künstlerkreisen, in die er seinen neuen Kollegen großzügig einführte. Für den schüchternen 22-Jährigen war der gewandte MacGreevy der richtige Mann zur richtigen Zeit. Aus der Bekanntschaft entwickelte sich eine intensive Freundschaft, die für Beckett in seinen schwierigen dreißiger Jahren existentiell wichtig wurde. Gemeinsam zogen die Freunde durch die preiswerten Cafés um das Théâtre de l'Odéon und debattierten bis tief in die Nacht über Kunst und Literatur. Zum ersten Mal hielt sich Beckett in einem Umfeld auf, das ihm ganz entsprach: Paris war für ihn eine Offenbarung. Er nutzte seine neue Freiheit von universitären Verpflichtungen und familiärer Kontrolle und ließ es sich recht gut gehen. Die Englischstunden mit seinem einzigen Schüler, Georges Pelorson, legte er auf den Nachmittag, da er vorher nicht aufstehen mochte, und ging ansonsten seiner ›éducation esthétique‹ nach.

> »Ich sah ein offenes Fenster mit halb geschlossenen Läden; das Sonnenlicht strömte herein und fiel direkt auf das Bett. Auf dem Bett, halb nackt, war ein hochgewachsener junger Mann hingestreckt, sehr gut aussehend [...]. Der Anblick beeindruckte mich nicht wenig.« (Becketts Schüler Georges Pelorson über seine erste Begegnung mit dem Schriftsteller; zit. n. Knowlson 2001, S. 133 f.)

So entstand im Paris der zwanziger Jahre der Mythos Beckett: Der einstige Athlet und Abstinenzler begann zu trinken, zu rauchen, er ging abends lange aus und schlief bis zum frühen Mittag. Außerdem entwickelte er eine Technik, die ihn als stillen Rebellen auszeichnete: das Schweigen als Selbstschutz.

Den größten Gefallen tat MacGreevy seinem jungen Nachfolger, als er ihn bei James Joyce einführte. Der aus Dublin stammende Joyce lebte seit 1920 in Paris und war zum Zeit-

James Joyce

punkt, als Beckett ihn kennen lernte, kurz vor dem Erblinden. Wie es seine Art war, hatte er einen großen Kreis von Freunden und unbezahlten Helfern um sich geschart, die für ihn Dinge erledigten, recherchierten oder ihm vorlasen. In diesem inneren Kreis spielte Beckett bald eine so bevorzugte Rolle, dass er neidvoll als »James Joyce's irischer Laufbursche« (zit. n. Bair 1994, S. 110) bezeichnet wurde.

Joyce war beeindruckt von der Belesenheit und feinen Zurückhaltung seines Helfers und ließ sich gelegentlich von ihm vorlesen

> »Ich glaube, er hat Talent.« (James Joyce über Samuel Beckett; zit. n. Ellmann 1994, S. 1030)

– etwa aus Fritz Mauthners *Beiträgen zu einer Kritik der Sprache* (1901 / 1902), dessen frischer, lockerer Schreibstil und rigorose Sprachkritik auch Becketts Arbeit entscheidend prägten. Ein- oder zweimal diktierte Joyce dem »exzentrischen, liebenswerten jungen Mann« (Ellmann 1994, S. 954) Passagen aus der laufenden Arbeit am Roman *Finnegans Wake*, der damals noch »Work in Progress« genannt wurde (ebd., S. 955). Sie gingen zusammen spazieren, sprachen über Literatur, und der gewissenhafte Beckett hielt Joyces (nicht ganz freiwillige) Neigung zu Fehlzitationen in Schach. Zu keinem Zeitpunkt aber war Beckett je der Sekretär des Schriftstellers, wie ein hartnäckiges Gerücht behauptet.

Der enge Kontakt mit dieser Berühmtheit beeindruckte den Jüngeren tief. Denn der spätere Nobelpreisträger Beckett lernte bei Joyce eine künstlerische Integrität und Kompromisslosigkeit kennen, die er rückhaltlos übernahm. In der Auseinandersetzung mit seinem Vorbild entwickelte Beckett seine eigene Ästhetik: Er war der Überzeugung, dass Literatur kein sicheres Feld mit festgelegten Produktionsregeln sei, sondern eine lebendige, fließende Materie, die eine stark suggestive, emotionale Mitteilfunktion übernehmen könne. Für Schriftsteller, die – wie Balzac – schon im ersten Kapitel wüssten, was die Figuren im letzten machen, entwickelte er daher eine starke Verachtung.

Becketts »Feinheit und Eigenart« (Ellman 1994, S. 955) zogen nicht nur Joyce an, sondern auch dessen aparte, psychisch labile Tochter Lucia. Die junge Tänzerin bedrängte Beckett derart, dass sich der junge Mann gezwungen sah, ihr rundher-

aus zu sagen, er interessiere sich nur für ihren Vater. Lucia erlitt einen schweren Zusammenbruch und wurde schließlich – nach einer Odyssee über zahlreiche Spezialisten – bis zu ihrem Lebensende hospitalisiert. Obwohl offensichtlich wurde, dass die Eltern Joyce den Zustand ihrer Tochter zu lange verharmlost hatten, kam es zum Bruch mit dem scheinbaren Missetäter Beckett, der ein Jahr dauerte und unter dem er sehr litt.
Die Pariser Zeit und die darauf folgenden Jahre bis 1937 waren Becketts Wanderjahre, in denen sich der junge Mann von seiner anvisierten Universitätskarriere abwendete, um Schrift-

steller zu werden – »die letzte Zuflucht für einen Mann, der sonst nichts kann«, wie er selbstironisch kommentierte (zit. n. Brater 1989, S. 28). Doch er konnte als Autor nicht so recht Fuß fassen und wirkte lange Zeit richtungslos, beruflich wie übrigens auch in Liebesdingen. Nachdem die Begeisterung für seine Cousine Peggy abgeflaut war, gab es kurze Affären, doch scheint der schüchterne Beckett Frauen zu diesem Zeitpunkt verwirrend gefunden zu haben. Er begann, »Professionelle« zu frequentieren – was natürlich auch zum Künstlerimage der Zeit gehörte.

Trotz seiner vermeintlichen beruflichen Orientierungslosigkeit darf allerdings nicht übersehen werden, dass der junge Beckett seit seiner ersten Pariser Zeit vieles ›richtig‹ machte: Er war enorm umtriebig, knüpfte und pflegte Kontakte. Sobald er Publikationen vorweisen konnte, reichte er sie herum, brachte Referenzen vor und konnte durchaus persönliche wie berufliche Erfolge feiern. Was also lief falsch? Erstens hat es den Anschein, als habe sich Beckett durch seinen hohen Anspruch selbst behindert – er bezeichnet sich als »jemand, den es zwar juckt, etwas zu machen, der aber nichts zu sagen hat« (zit. n. Bair 1994, S. 133). Zudem schien er zu spät gekommen zu sein, und sein Debüt stand quer zum Zeitgeist: Die bedrückende Situation der Massenarbeitslosigkeit wie die zusehends sich verdüsternde politische Lage Europas hatten in den dreißiger Jahren des 20. Jahrhunderts einen sozial engagierten Realismus hervorgebracht, in dem ein sprachskeptischer junger Avantgardist wie Beckett als Eskapist gelten musste.

Dennoch schrieb er schon einen Monat nach seiner Ankunft in Paris auf Anregung von Joyce einen Essay über *Finnegans Wake*. In seinem brillanten Aufsatz *Dante ... Bruno. Vico.. Joyce* verteidigt Beckett nicht nur dessen experimentelles Schreiben gegen die Forderung einer realistischen Literatur. Er vertritt auch vehement seine eigene Ansicht darüber, was künstlerisches Schreiben sein solle, nämlich: »direkter Ausdruck« in einer lebendigen, unmittelbaren, sinnlich erfahrbaren Sprache gehalten, die nicht »über etwas« schreibe, sondern dieses »etwas selbst« sei (*Dante*, S. 20). In der englischsprachigen Literaturzeitschrift *transition* erschienen außerdem Gedichte von Beckett sowie seine erste Erzählung *Assumption* (1929). Später unterschrieb er das – nicht von ihm mitverfasste – Manifest *Poetry is Vertical* (1932), das sich gegen eine sozial engagierte Literatur wendet und nicht zuletzt Becketts Überzeugung formuliert, Kunst entstünde im Ungefähren, nicht Fassbaren. Es ist bezeichnend für Becketts Stellung in der Pariser Avantgardeszene, dass sein Name neben dem von Carl Einstein und Hans Arp auftaucht. 1930 übersetzte er für Edward Titus, den Herausgeber der Zeitschrift *This Quarter*, Gedichte von Montale, Franchi und Comisso aus dem Italienischen. Er gehörte zum ausgesuchten Freundeskreis der Schriftstellerin Djuna Barnes und war gut bekannt mit der amerikanischen Exzentrikerin Nancy Cunard, einer Schlüsselfigur der Kulturszene.

Erster literarischer Erfolg Für ein Songbuch ihres Lebensgefährten, des schwarzen Jazzpianisten Henry Crowder, schrieb Beckett im Sommer 1930 das Gedicht *From the Only Poet to a Shining Whore*. Doch sein erster literarischer Erfolg dieser Zeit war das Gedicht *Whoroscope* (1930), mit dem er einen Lyrikwettbewerb zum Thema ›Zeit‹ gewann, den Nancy Cunard und der Schriftsteller Richard Aldington ausgeschrieben hatten. Beckett verfasste die 98 Zeilen ein paar Stunden vor Ablauf der Abgabefrist. Und das war typisch für seine guten Arbeitsphasen: Wie Martin Esslin berichtet, konnte er sich in solchen Momenten in sich selbst zurückziehen, auf eine Stimme warten und sozusagen nach Diktat schreiben (Esslin 1996). Diese »enormen Konzentrationskräfte« (Whitelaw 1996) hinterließen ihre Spuren auch in der Form seines Werks: Das Wegstreichen, Zusammenziehen, Kondensieren der Erzählung zu Motivfeldern, Rhythmen und Spannungsbögen hat Beckett über die Jahre zu seiner hohen Kunst entwickelt. Das Preisgedicht *Whoroscope* jedenfalls brachte seinem Verfasser zehn Pfund ein und seine erste eigenständige Publikation. Es war ein hochkomplexes Gebilde über Descartes' Leben, Schreiben und seine Vorliebe für überbrütete Eier und dabei

Becketts erste Buchveröffentlichung: das Gedicht *Whoroscope* (Originaleinband), 1930

WHOROSCOPE

by

SAMUEL BECKETT

3, Rue Guénégaud, Paris - 6°

1930

so verschlüsselt geschrieben, dass es nur mit Erläuterungen des Autors erscheinen konnte. Dieses Verfahren erinnert an T. S. Eliots Langgedicht *Das wüste Land* (1922) und könnte tatsächlich als Parodie auf den älteren Dichter geschrieben worden sein, der Becketts Arbeit nicht mochte.

Nancy Cunard blieb ihrem jungen Autor auch in der Folgezeit treu verbunden und versorgte ihn später mit Übersetzungsaufträgen für ihre engagierte kulturpolitische Anthologie *Negro* (1934). Entgegen der Einschätzung von Deirdre Bair (Bair 1994, S. 240) gehen diese Übersetzungen weit über eine solide Auftragsarbeit hinaus. Vielmehr zeigen sie, dass Beckett sich in seiner Arbeit sehr flexibel dem jeweiligen Thema anpasste: Aufsätze der Surrealisten oder Artikel über Jazz und Louis Armstrong sind wesentlich origineller und freier übersetzt als die soziologischen, ethnologischen oder politischen Beiträge.

Die zweite Veröffentlichung folgte auf dem Fuße: 1930 schlug Richard Aldington Beckett als Verfasser einer Monographie über Marcel Proust vor. Während seiner Beschäftigung mit *Auf der Suche nach der verlorenen Zeit* fand Beckett nicht nur ein weiteres Alter Ego (später sollte noch William B. Yeats hinzukommen), sondern auch seine Lebensthemen: die Unzuverlässigkeit der Beziehung zwischen Subjekt (dem Künstler) und Objekt (der Welt), die Unbrauchbarkeit aristotelischer Regeln der Erzählkunst angesichts der Erfahrung einer fragmentierten Wirklichkeit sowie die Suche nach neuen Formen der Darstellung. Ein verzweifelter Brief an MacGreevy bestätigt, dass Beckett Schwierigkeiten mit dem Schreiben hatte, wie immer wieder in seinem Leben. In diese Zeit fällt auch Becketts erste Beschäftigung mit Schopenhauer. Seine Kollegen an der Ecole Normale lachten ihn deswegen aus, doch er verteidigte sich mit dem Argument, er wolle nicht philosophisch nachprüfen, ob Schopenhauer Recht habe. Was ihn interessiere, sei einzig und allein dessen »intellektuelle Rechtfertigung des Unglücklichseins – die großartigste, die je versucht wurde« (zit. n. Knowlson 2001, S. 160).

Schopenhauer, vgl. S. 73 f.

Rückkehr nach Dublin: Ungeliebte Lehre, Krankheit und Fluchtwege (1930-1931)

1930 war Becketts zweijährige Lektorentätigkeit an der Ecole Normale zu Ende, und so fuhr er zurück nach Irland, um seinen Magisterabschluss zu machen und dann als Dozent für französische Literatur eine akademische Laufbahn einzuschlagen. Die Rückkehr ins geordnete Dublin fiel Beckett schwer: Er hatte sich in Paris dramatisch verändert, doch sein altes Umfeld – Eltern, Professoren, Studenten und das kulturelle Angebot – war gleich geblieben. Zu Hause freute man sich, ihn wieder dazuhaben, er fügte sich zunächst und verbrachte die Zeit damit, »im Lehnstuhl zu sitzen und auf den Gongschlag zu warten«, der die nächste Mahlzeit ankündigte (Beckett in einem Brief an MacGreevy; zit. n. Knowlson 2001, S. 162). Doch als deplatzierter Avantgardist litt er unter der provinziellen Enge. Er fand das ritualisierte Geplauder der Kollegen prätentiös und beschrieb selbst Rudmose-Brown kritisch: »Die ewig unvariierbaren Formeln billiger Stichelei und semi-obszöner ganz und gar verächtlicher Klatscherei chez Ruddy« (ebd.). Zum Schreiben kam er nicht in dieser Atmosphäre, wo »jeder Tag deine Feindseligkeit *vulgarisiert* und Zorn in Reizbarkeit und Nörgelei verkehrt« (ebd.). Rudmose-Brown seinerseits war großzügig, nahm den *Proust*-Essay als Magisterarbeit an – obwohl die beiden eine Abhandlung über Pierre-Jean Jouve abgesprochen hatten – und machte den Unzufriedenen zu seinem Assistenten. Der ambi-

tionierte 24-Jährige tat seinerseits nicht viel, um sich zu akkli-
matisieren. Er pflegte sein Image als Bohemien, lief im französischen Outfit herum – in eng sitzenden, ausgebeulten An-
zügen statt des üblichen Zweiteilers aus Tweed – und gab sich
auf Partys als Exzentriker. Seinem Unwillen über den akademischen Betrieb machte er in zwei subversiv albernen Aktionen Luft: Vor der Modern Language Society hielt er einen
witzigen Vortrag über den fiktiven französischen Schriftsteller
Jean du Chas und dessen Ein-Mann-Bewegung des »Konzen-
trismus«. Diese Wissenschaftssatire kann durchaus als ironi-
sches Selbstporträt gelesen werden. Lange wurde angenommen, die Kollegen seien auf den Spaß hereingefallen, doch
James Knowlson gegenüber sagte Beckett, allen sei klar gewesen, »daß es sich um einen Ulk handelt« (zit. n. Knowlson
2001, S. 164). Für das jährliche Theaterfestival des Trinity College assistierte der Dozent dann seinem einstigen Schüler
Georges Pelorson (inzwischen Französischlektor am Trinity
College) bei einer surreal-burlesken Bearbeitung von Corneil-
les Stück *Le Cid*. Als Hommage an den von ihm bewunderten
Chaplinfilm *The Kid* dachte sich Beckett den Titel *Le Kid* aus,
sein einziger Beitrag zu dem Stück: Der Text selbst stammte
aus der Feder Pelorsons. Allerdings trat Beckett in der Inszenierung als Don Diègue auf, mit Melone, weißem Bart und
einem Regenschirm ausgestattet. Er schwenkte einen Wecker,
der ab und zu klingelte, was ihn, Beckett / Don Diègue, dazu
antrieb, seinen Text immer schneller zu sprechen, bis er zu einem geistreichen Unsinnssprachstrom mutierte. Man kann
hierin durchaus einen Vorläufertext zum berühmten Lucky-
Monolog erkennen. Doch all diese Aktivitäten und seine Se-
minarvorbereitungen zu Racine, Balzac, Flaubert, Stendhal
oder Gide konnten nicht überdecken, dass Beckett als Schriftsteller nicht weiterkam und darunter litt. An MacGreevy
schrieb er: »Der einfachste Satz bereitet mir Qualen. Ich
wollte, wir könnten uns sehen und miteinander reden – ehe
ich völlig sprachlos werde oder ein verbindlicher Schwätzer.«
(zit. n. Knowlson 2001, S. 169)
Becketts größtes Problem aber war das Unterrichten. Schüch-
ternheit und Nervosität hemmten den gut aussehenden jun-

gen Mann, und die erwartungsvollen Blicke der jungen Frauen im Seminar verschlugen ihm oft die Sprache. Aus den Vorlesungsnotizen Rachel Burrows' geht hervor, dass Becketts anspruchsvoller Unterricht auf sehr hohem Niveau Fragen aufwarf, die ihn persönlich interessierten, und er offenbar den Stoff selbst noch erforschte. Darum plagte ihn wahrscheinlich der ungute Eindruck, »anderen [etwas] beizubringen, was er selbst nicht wußte« (zit. n. Knowlson 2001, S. 170). Das Gefühl, seiner Aufgabe nicht gewachsen zu sein, nagte an seinem Selbstwertgefühl, wie er in einem Brief an Tom MacGreevy gestand. Die eigene Verwirrung schlug teilweise auch in eine leichte Verachtung gegenüber seinen Schülern um, die sich nicht für Literatur zu interessieren schienen. Wie die Studenten ihrerseits zu ihm standen, belegen bissige Valentinsgrüße aus der Collegezeitung: »S.B-CK-TT: Ich wünschte, er würde seine Erklärungen erklären. – Byron« (zit. n. Bair 1994, S. 185). Im Frühjahr 1931 brach es dann aus ihm heraus: »Ich will kein Professor werden (fast freut mich, zu sehen, wie dieser Job mir mißrät)«, schrieb er an den Freund MacGreevy (zit. n. Knowlson 2001, S. 169). Beckett entwickelte auch eine zunehmende Abneigung gegen akademische Literaturkritik: »Diese Erklärungswut!«, schimpfte er später, »Nur noch Pünktchen! Keine I's mehr!« (WS 5, S. 128). Stattdessen favorisierte er ein »lebendiges Denken […] nicht ein Hochjagen des Denkens zu Dreigroschengewißheiten« (*Traum*, S. 63).

> »Sam konnte minutenlang dastehen und aus dem Fenster starren. Dann warf er seinen Hörern plötzlich einen perfekt konstruierten Satz an den Kopf.« (Becketts Freund A. J. (»Con«) Leventhal; zit. n. Cohn 1973, S. 8)

Schreibhemmung Becketts Schreibhemmung hatte noch andere Gründe: Sein literarisches Wissen belastete ihn, der einerseits ein hervorragendes Gespür für Qualität hatte und andererseits nicht zum Adepten geboren war. Der noch übende Schriftsteller befürchtete, dass es nach den bahnbrechenden Neuerungen von Joyce kaum etwas für dessen Nachfolger zu tun gab, und spürte den erdrückenden Einfluss seines Vorbilds. Es waren quälende Jahre, bis Beckett erkannte, dass er »nicht denselben Weg gehen konnte [wie Joyce]« (zit. n. Knowlson 2001, S. 145). Ende der sechziger Jahre fasste er dann den Unterschied beider künstlerischer Wege gelassen in Worte: »Je mehr Joyce wusste, desto mehr konnte er. Für mich wird der Rahmen des Möglichen immer kleiner.« (zit. n. Harvey 1970, S. 433 f.) Doch auch in dieser Krisenzeit tastete Beckett sich weiter nach vorn, mehr, als ihm selbst bewusst zu sein schien. Er tat dies mit der ihm eigenen Mischung aus skeptischem Zögern und zäher Beharrlichkeit, die sein ganzes Wesen bestimmte. Während dieser Zeit las er die Tagebücher von Jules Renard, an denen ihn besonders der kühl registrierende Blick beeindruckte. Hier entdeckte er wohl »the cold eye« (etwa: »der kühle Blick«; zit. n. Knowlson 2001, S. 484), wie Beckett selbst seine spätere Schreibtechnik beschrieb, derzufolge persönliche Erlebnisse erst durch eine distanzierende Betrachtung zu Kunstwerken werden könnten.

In den frühen persönlichen und beruflichen Krisen gab es für Beckett drei Fluchtwege: den Pub, das Kino und das Museum. Schon auf seinen ersten Studienreisen nach Frankreich und Italien (1926 / 27) hatte er Museen und Schlösser besucht, und dieses anfängliche Bildungsinteresse war während der Pariser Jahre zu einem persönlichen, geradezu existentiellen Bedürfnis geworden. In den frühen dreißiger Jahren war er dann Stammgast in der National Gallery of Ireland, und die atmosphärisch dichten Briefe an MacGreevy zeigen, wie wohl er sich dort fühlte. Geradezu vertraulich berichtete er von den Glücksmomenten, »wenn man sich vorsichtig die Treppe heruntertastet durch die bezaubernde Spielzeug-Helligkeit des deutschen Saals hin zu den Breughels und dem Meister der müden Augen und der silbernen Fenster« (Brief an Tom MacGreevy vom 13. September 1932; zit. n. Glasmeier / Hartel 2000, S. 76).

Film und Malerei waren für Beckett direkte, emotionale Medien (wie die Musik), und er betrachtete Gemälde wie künstlerische Versuchsfelder mit abgestecktem Rahmen, auf denen man Gefühle mit Hilfe von Farbe, spannungsreicher Komposition, Helldunkelkontrasten erzeugen konnte. Beckett studierte die Techniken der Maler und schulte sein Auge dafür, wie feine Nuancen in Lichtsetzung und Farbgebung Veränderungen in der Wirkung erzielen konnten. Besonders faszi-

Vgl. »Medienkünstler Beckett«, S. 126 ff.

nierte ihn die Kunst des 17. Jahrhunderts mit ihrer Vorliebe für Details aus dem täglichen Leben. Gleichzeitig interessierte sich der junge Kunstbegeisterte für Fragen der musealen Präsentation wie Hängung und Schutz der Bilder. Seine Beschreibung der neuen Glassicherung von Peruginos *Pietà* hört sich an, als sei von einem kubistischen Bild die Rede. Die *Pietà*, so Beckett in einem Brief an MacGreevy, sei »hinter einer gewaltigen Barriere aus leuchtendem Glas begraben, so daß man sie schrittweise zur Kenntnis nehmen muß, Quadratzentimeter für Quadratzentimeter [...]« (zit. n. Glasmeier / Hartel 2000, S. 81). Diese schrittweise Annäherung an ein Bildthema wird Beckett später in seiner Arbeit nachahmen und verfeinern. Sein Leben lang dachte er über Malerei nach, las theoretische Texte, war eng mit Malern befreundet und formulierte seine eigene Ästhetik in der Auseinandersetzung mit Fragen der bildenden Kunst, zu der er auch den Film rechnete.

»Als Entschuldigung muß gesagt werden, daß wir einst dem Wahn zuneigten, der Cézanne der bedruckten Seite zu sein.« (Samuel Beckett, *Traum von mehr bis minder schönen Frauen*, S. 236)

Ein Lichtblick in den schweren Jahren seiner Rückkehr aus Paris war auch seine Bekanntschaft mit dem Maler Jack Butler Yeats, einem Bruder des Dramatikers William Butler Yeats. Beckett war so fasziniert von der atmosphärischen Präzision der impressionistischen Genreszenen, dass er sich ein Bild auf Raten kaufte.

Im Winter 1930 / 31 traten erstmals die Krankheitssymptome auf, an denen Beckett sein Leben lang immer wieder leiden sollte: Mattigkeit, Schlaflosigkeit, Herzrasen, Depressionen. Selbst ein Abstecher nach Paris im März 1931 und ein Genesungsurlaub im Sommer konnten seine Gemütslage nicht verbessern. Kurz vor der Abreise war es zu einem schweren Streit mit der Mutter gekommen, nachdem ihr ein, wie sie meinte, schockierendes Manuskript des Sohnes in die Hände gefallen war. Beckett bekam Hausverbot und zog sich in seine Wohnung am Trinity College zurück. Vater und Bruder besuchten den Ausgestoßenen regelmäßig, der sehr unter dem Bruch litt. In seiner ohnehin prekären psychischen Verfassung verstärkte die ›Vertreibung‹ das Gefühl von Orientierungslo-

Erste Krankheitssymptome

sigkeit und Nicht-Zugehörigkeit. Einer der wenigen Freunde, mit denen er zu dieser Zeit Kontakt hielt, war Georges Pelorson, der ebenfalls mit dem Gedanken spielte, Schriftsteller zu werden. Die beiden verbrachten lange Saufabende vor dem Torffeuer, bei denen die Flasche Jameson-Whiskey immer in Reichweite stand. Ansonsten igelte sich Beckett in seiner Wohnung ein, wollte kaum jemanden sehen und ging selbst zum Trinken kaum noch aus – es sei denn in Landgasthäuser, wo ihn keiner kannte. Das Abschotten gefiel ihm zunächst recht gut, und er beobachtete mit Interesse, welche Wirkung die Einsamkeit auf ihn hatte. Doch im Winter entwickelte sich die ›innere Emigration‹ zum schweren psychischen Problem.

Wanderjahre (1932-1936)

Kurz vor Weihnachten 1931 fasste Beckett dann den Entschluss, die Dozentenstelle zu kündigen. Es war keine wirklich befreiende Entscheidung, denn er wusste, wie sehr er die Eltern und Rudmose-Brown enttäuschen würde. Beckett konnte offensichtlich nicht im Betrieb funktionieren, wie er selbst sagte, fühlte sich aber gleichzeitig traurig nach seiner Flucht vor der Dozentur, als hätte er »das Beste verloren« (zit. n. Bair 1994, S. 161). Über die Feiertage fuhr Beckett, wie so oft, zu den Sinclairs nach Kassel, und mit diesem Sicherheitsabstand schickte er seine Kündigung. Da auch die Lieblingsverwandten private wie finanzielle Sorgen hatten, reiste Beckett im Februar weiter nach Paris. Hier, im Hotel Trianon, schrieb er äußerst diszipliniert seinen ersten, erst 1993 posthum veröffentlichten Roman: *Traum von mehr bis minder schönen Frauen.*

Vgl. »Die frühen Romane«, S. 67 ff.

An der Seine fühlte er sich so wohl wie immer, musste Frankreich aber Mitte Juli 1932 nach der Ermordung des Präsidenten Paul Doumer durch einen weißrussischen Emigranten wieder verlassen, da seine Papiere nicht in Ordnung waren. Eine Übersetzung von Arthur Rimbauds *Le Bateau ivre* für Edward Titus, den Herausgeber der Zeitschrift *This Quarter*, sicherte ihm das Geld für die Überfahrt nach London und einen zweimonatigen Aufenthalt. Hier versuchte er fieberhaft und am Ende erfolglos, seinen Roman unterzubringen und sich als Rezensent und Essayist zu etablieren. Als ihm im August das Geld ausging, fuhr er zurück nach Dublin. Die Fami-

> »In Irland zu leben war beengend für Sam. Er stieß mit der irischen Zensur zusammen [...]. Die Großstadt dagegen [...] bot ihm vergleichsweise Anonymität [...] und Anregung statt der Dubliner Unterdrückung, Eifersucht, Intrige und Klatscherei.« (Samuel Becketts Cousin Morris Sinclair; zit. n. Knowlson 2001, S. 351)

lie empfing ihn freundlich, und Rudmose-Brown versorgte seinen ehemaligen Assistenten mit Übersetzungen und Privatschülern. In einem Dachzimmer über dem Büro seines Vaters arbeitete Beckett seinen Roman zu einer Sammlung von Kurzgeschichten um: *Mehr Prügel als Flügel* erschien 1934 bei Chatto & Windus und wurde insgesamt positiv aufgenommen.

Mehr Prügel als Flügel, vgl. S. 68

Anfang Mai 1933 erreichte ihn die Nachricht von Peggy Sinclairs Tuberkulosetod, die ihn sehr mitnahm. Es blieb ihm keine Zeit, sich von diesem Schock zu erholen, denn am 26. Juni starb sein Vater an einem Herzinfarkt. Beckett litt sehr unter dem Verlust und schrieb MacGreevy: »Ich kann nicht über ihn schreiben, ich kann ihm nur nachwandern über die Felder und hinter ihm her in die Gräben steigen.« (zit. n. Knowslon 2001, S. 226) Die Lage zu Hause blieb angespannt. Die Mutter war gereizt wegen der Untätigkeit ihres eigenwilligen Sohns, und Beckett reagierte auf die Unhaltbarkeit der Situation eher unbewusst: Seine Krankheitssymptome – Herzrasen, Angstzustände, Schlaflosigkeit und die damit einhergehende Arbeitsblockade – verschlimmerten sich so drastisch, dass psychosomatische Hintergründe diagnostiziert wurden. Dr. Geoffrey Thompson, ein alter Schulfreund Becketts, riet dringend zu einer Psychotherapie in London, ein Rat, der angenommen wurde: In den Jahren 1934 bis 1935 lebte Beckett dort von einer kleinen Rente, die ihm nach dem Tod des Vaters zukam.

> »Er hatte ja wirklich einen Zusammenbruch.« (Becketts Jugendfreundin Mary Manning Howe; zit. n. Brater 1989, S. 35)

Therapie in London

Größtenteils finanzierte ihn jedoch seine Mutter, die trotz aller Spannungen auch immer sehr besorgt um ihren Sohn war. Beckett besuchte dreimal wöchentlich seinen jungen Therapeuten, Wilfred Ruprecht Bion, in der Tavistock Clinic, der damaligen Hochburg der englischen Psychoanalyse. Wieder versuchte er, sich als Kulturjournalist zu etablieren, und wieder vergeblich. In den ersten Monaten schrieb er sieben geistreiche Rezensionen, die allerdings sehr eigenwillig, fast hermetisch waren und sicher zu experimentell fürs journalistische Tagesgeschäft. Beckett erinnert die Londoner Zeit in jeder Beziehung als schlimm – finanziell und psychisch. Trotz aller Widerstände machte er sich mit seinem charakteristischen, fast schon verbissenen Durchhaltevermögen an seinen zweiten Roman, *Murphy*. Wenn er auch mit dieser Arbeit nur schleppend weiterkam, fand er doch Spielorte, Nebenfiguren und brauchbare atmosphärische Eindrücke in Londons Straßen und Parks.

Vgl. »Die frühen Romane«, S. 67 ff.

Die Therapie beanspruchte Beckett nicht nur emotional, sondern auch intellektuell: Er vertiefte sich gewissenhaft in Schriften von Alfred Adler, Otto Rank oder die *Papers on Psychoanalysis* von Ernest Jones und verschaffte sich einen Überblick über die zeitgenössischen Strömungen in Psychologie und Psychotherapie. Die Lektüre schlug sich – oft ironisch gebrochen – auch in seinem Schreiben nieder. So weist Knowlson etwa darauf hin, dass *Murphy* humorvoll auf die Gestaltpsychologie anspielt (Knowlson 2001, S. 234). Äußerst anregend fand Beckett auch eine Vorlesung von C. G. Jung, die er 1935 gemeinsam mit seinem Therapeuten besuchte. Der von Jung referierte Fall eines Mädchens, das »nie wirklich auf die Welt gekommen« sei (Beckett; zit. n. Knowlson 2001, S. 771), faszinierte ihn so sehr, dass diese Vorstellung vom ›Nicht-anwesenden Sein‹ in seinem späteren Werk mehrmals auftauchen sollte. In einem Gespräch mit dem Literaturwissenschaftler Lawrence Harvey erwähnte Beckett auch, dass er sein eigenes Leben als »Stellvertreterexistenz« (existence by proxy) empfand und ein Gefühl der »Anwesenheit eines anderen embryonalen, unentwickelten Selbst« verspüre (zit. n. Harvey 1970, S. 247). Nach den zwei Jahren der Behandlung (und fast 150 Therapiestunden) fühlte sich Beckett noch nicht wesentlich besser; er hatte allerdings begonnen, die Ursachen seiner Panikattacken und der anderen Beschwerden in seinem »arroganten Anderssein« (Beckett; zit. n. Knowlson 2001, S. 237) zu erkennen, das er zu Hause bis zum Exzess gepflegt hatte. »Mit einem Wort«, fasste er am 10. März 1935 in einem Brief an MacGreevy zusammen, »wenn mich das Herz nicht in Todesangst versetzt hätte, würd' ich noch immer saufen und spotten und herumlungern und mich für alles andere zu gut halten« (zit. n. Knowlson 2001, S. 237). Er beendete die Behandlung und ging zurück nach Dublin.

Interesse am Film, vgl. S. 100 f. Auch wenn der neue Roman nicht wirklich vorankommen wollte, versuchte der Autor durchaus, seinem Leben und der Kunst eine neue Richtung zu geben. 1936 kam ihm die Idee, beim Film zu arbeiten. Er las die Schriften der wichtigsten Filmpioniere seiner Zeit, Wsewolod Pudowkin und Sergej Eisenstein. Auch der etwa gleichaltrige deutsche Film- und Wahrnehmungstheoretiker Rudolf Arnheim beeindruckte ihn sehr, und die Spuren seiner Filmlektüre werden immer wieder in Thema und Struktur von Becketts Œuvre sichtbar. Außerdem inspirierten ihn alte Ausgaben der – 1932 eingestellten – britischen Filmzeitschrift *Close-Up* bei seinen Überlegungen zu den filmtheoretischen Debatten dieser Jahre.

Die Filmtechnik selbst war für Beckett eine faszinierende Metapher für die moderne Lebenserfahrung einer fragmentierten Welt, in der das menschliche Bewusstsein tagtäglich mit zahlreichen Eindrücken bombardiert wird und nicht mehr in der Lage ist, sie zu einem Gesamtbild zu verarbeiten. Wie die Avantgarde seiner Zeit fand Beckett den Stummfilm künstlerisch interessanter als den Tonfilm wegen der ausdrucksstarken, »schweigenden Beredsamkeit« (Eisner 1980, S. 91), seiner gestischen Sprache. An den Freund MacGreevy schrieb er, dass er die Einführung des Tonfilms (1929) für eine gute Sache halte, denn so könne »ein Reservat geschaffen werden […] für den zweidimensionalen Stummfilm, der, kaum über die Anfänge hinaus, schon wieder absackt. Es gäbe dann zwei verschiedene Dinge und keinen Grund zu Konflikt oder eher zur Ausmerzung des einen.« (zit. n. Knowlson 2001, S. 294) Aber

Filmtheorie allein genügte Beckett nicht, und so versuchte er am 2. März 1936 die Flucht nach vorn, indem er sich bei Sergej Eisenstein am Staatlichen Institut für Filmkunst in Moskau bewarb. In seinem Anschreiben stellte er sich als »serious cinéaste« (zit. n. Leyda 1985, S. 59) vor und berief sich auf seine Bekanntschaft zu Joyce, den Eisenstein kannte und schätzte. Besonders interessiert war Beckett an »the scenario and editing end of the subject« (ebd.) – am Erlernen des Skriptschreibens und Filmschnitts. Dass der junge Autor auf seine Bewerbung nie eine Antwort erhielt, lag nach Einschätzung von Eisensteins Biographen Jay Leyda nicht am Desinteresse des Regisseurs. Vielmehr habe Eisenstein den Brief nie erhalten, da er zunächst in Pockenquarantäne festsaß und später wegen zunehmender Probleme mit dem Sowjetregime seine Ausreise betrieb.

Sergej Eisenstein

Die deutsche Reise (1936-1937)

Ende September 1936 begann die letzte Phase von Becketts Wanderjahren, die ihn auf eine sechsmonatige Kulturreise durch Deutschland führte. In Hamburg und den weiteren Stationen seines Aufenthalts tat er zunächst einmal das, was er besonders gut konnte: Er beobachtete. Die Liste der kurz oder länger besuchten Städte ist beeindruckend: Lüneburg, Hannover, Braunschweig, Wolfenbüttel, Hildesheim, Berlin, Halle, Weimar, Erfurt, Leipzig, Dresden, Meißen, Naumburg, Würzburg, Bamberg, Nürnberg, Regensburg und schließlich München. James Knowlson bezeichnet die Reise zu Recht als eine »Kunstwallfahrt«, denn Beckett besuchte die wichtigsten Kirchen, Museen oder Galerien in diesen Städten oft mehrmals. Als Gedächtnisstütze, aber auch, um nicht aus der Übung zu kommen, führte der Reisende täglich diszipliniert und ausführlich Tagebuch. Er notierte außerdem literarische Projekte und begann mit einer heute verschollenen Arbeit *Journal of a Melancholic*, die manchmal auch *Hamm Interior* hieß (Nixon 2005, S. 48). Die Entdeckung der sechs Tagebücher hat das bis dahin vorherrschende Bild eines weltabgewandten Beckett von Grund auf verändert, wie auch das Presseecho des 2003 von Roswitha Quadflieg herausgegebe-

»Kunstwallfahrt«

»[...] alle modernen Bilder sind im Keller«. Beckett findet sie trotzdem: Beleg seines Besuchs einer Ausstellung ›entarteter‹ Künstler in der Moritzburg, Halle

nen Hamburger Teils dieser Aufzeichnungen zeigt. Denn der Verfasser dieser Bücher ist ein kommunikativer, engagierter Mensch, ein scharfer Beobachter, der sich seinen Bekannten mit offenem Interesse widmet und aufmerksam zahlreiche politische Auffälligkeiten, kleine Alltagsepisoden, den charakteristischen Gang eines Bekannten oder Naturbetrachtungen registriert. Beckett unternahm große Anstrengungen, um schnell Kontakt zu finden. Schon in Dublin hatte er angefangen, im Selbststudium Deutsch zu lernen – erst, indem er sich Alltagsbegriffe notierte und kleine Schreibübungen auferlegte, und dann mit der Lektüre von Walther von der Vogelweide, Goethe, Heine und Hölderlin. Diese Kenntnisse verbesserte er in Windeseile. Auch wenn er anfangs noch darunter litt, »in einer anderen Sprache stumm sein« zu müssen, weil er sich dann vorkam wie »ein Blinder mit einer Leica« (zit. n. Knowlson 2001, S. 302).

Die Museen und Sehenswürdigkeiten besuchte Beckett als leidenschaftlicher Spezialist: Er hatte Fragen an die jeweiligen Bilder, verschaffte sich über seine neuen Bekannten Zugang zu den Archiven und Privatsammlungen, um die dorthin verbannte moderne Kunst zu sehen, und verwickelte die Kuratoren in Fachdiskussionen und Gespräche über die absurde Kulturpolitik der Nazis. Neben einer Chronik seiner zahllosen Aktivitäten zeigen die Aufzeichnungen Beckett als demokratischen Menschen, der Zeuge des Umbaus einer Kulturnation in einen totalitären Staat wird. Insofern sind die deutschen Tagebücher auch ein kulturhistorisches Dokument. Schon vor Antritt seiner Reise wusste Beckett, welche Art von Regierung seit drei Jahren in Deutschland herrschte, und was er in den folgenden sechs Monaten erlebte, verstärkte seine Abscheu gegen das menschenverachtende System der National- **National-** sozialisten. Angewidert hörte er sich Rundfunkübertragun- **sozialismus** gen von Hitler- und Goebbelsreden an und freute sich, als eines Abends die Gäste seiner Hamburger Pension nach und nach den Raum verließen und Hitlers Stimme ins Leere brüllen ließen. Beckett diskutierte mit seinen neuen Freunden oder Zufallsbekanntschaften über die Ziele der Nationalsozialisten und war entnervt, wenn seine Gesprächspartner das »N. S. Evangile« (Beckett; zit. n. Nixon 2005, S. 24) herunterbeteten. Mit seinem ausgeprägten Toleranz- und Gerechtigkeitssinn fand er die Repressalien gegen Juden und Regimegegner unerträglich, und nach ein paar Wochen war ihm die allgegenwärtige Propaganda derart zuwider, dass er sich in Briefen an Freunde angeekelt darüber äußerte und sie persiflierte. Seinen Agenten George Reavey etwa feuerte er bei der Suche nach einem Verlag für *Murphy* mit den Worten an: »Heil, Sieg, Fette Beute« (Postkarte vom 20. Dezember 1936). Ähnlich sarkastische Witze machte er kurz vor Ausbruch des Zweiten Weltkriegs über den idealtypischen Arier: »Er muß blond sein wie Hitler, schlank wie Göring, schön wie Goebbels, mannhaft wie Röhm und muß Rosenberg heißen« (Brief an seinen Bekannten Arland Ussher; zit. n. Knowlson 2001, S. 380).

In den kulturellen Kreisen von Hamburg, Berlin, Dresden **Die deutsche** oder München lernte Beckett namhafte Kunsthistoriker, **Kunstszene** Künstler und Museumsleute kennen, von denen einige, wie Will Grohmann oder Gretchen Wohlwill, vom Berufsverbot durch die Nazis betroffen waren. Sie sprachen offen über die Repressionen, die das Regime ihnen auferlegte, baten Beckett aber, nichts darüber zu berichten, aus Angst vor den Folgen.

Die Treffen mit engagierten und kompetenten Kunstkennern regten Beckett enorm an, seine eigene ästhetische Position zu reflektieren. So akzentuierte er im Gespräch mit der Hamburgerin Rosa Schapire (einer von Erwin Panofsky hochgeschätzten Kunsthistorikerin) seine Vorstellung von der religiösen Funktion der Kunst. Eine Haltung, die er auch bei Karl Ballmer spürte, einem Maler der Hamburger Sezession. In dessen meditativen Bildern glaubte er seinem eigenen künstlerischen Verfahren zu begegnen, der Kunst der Andeutung und außergewöhnlichen Stille seiner Bilder. Bei seinen zahlreichen Museumsbesuchen schaute sich Beckett auch die alten Meister an. Seine Urteile über die oft mehrmals gesehenen Bilder sind eigenwillig, aber kompetent, und seine Vorlieben und Abneigungen verweisen auf die eigene Kunstauffassung. Besonders **Giorgione** begeisterte er sich für ein Selbstbildnis Giorgiones, das er im Braunschweiger Herzog Anton Ulrich-Museum sah. Mit seiner Atmosphäre »tiefer Verschwiegenheit« wirkte es auf ihn wie »Licht im Dunkel« (zit. n. Knowlson 2001, S. 312).

> »Die Reise ist ein Reinfall. Deutschland ist schrecklich. Geld ist knapp. Ich bin dauernd müde. Alle modernen Bilder sind im Keller [...]. Das Ganze hat sich tatsächlich als eine Reise ›weg von‹ statt ›zu etwas hin‹ entwickelt.« (Brief Samuel Becketts an seine Jugendfreundin Mary Manning Howe vom 13. Dezember 1936)

Beckett führte seine Reise zu Ende, aber er fühlte sich ausgelaugt und niedergeschlagen, was seine berufliche Zukunft anbelangte. Auch nach seiner Rückkehr nach Dublin, im April 1937, stand er weiterhin in Briefkontakt mit einigen seiner deutschen Bekannten. Über den Berliner Buchhändler Axel Kaun erhielt er vom Rowohlt Verlag das Angebot, Ringelnatz zu übersetzen. Doch Beckett fand, dass dieser ein schlechter Dichter sei. In seiner auf Deutsch verfassten Absage formulierte er noch einmal seine eigene Sprachskepsis und tat konventionelle »Grammatik und Stil« als so überflüssig ab »wie ein[en] Biedermeier Badeanzug oder die Unerschüttlichkeit eines Gentlemans« (*Disjecta*, S. 52).

Beckett hing träge zu Hause herum, ging auf Sauftouren und machte keine Anstalten, eine geregelte Arbeit zu finden. Es kam erneut zu dramatischen Szenen mit der Mutter, und die bekannten Krankheitssymptome traten wieder auf. Trost fand er erneut in der Beschäftigung mit Schopenhauer und fühlte sich bei der Lektüre, als ginge plötzlich »ein Fenster auf […] im Mief« (zit. n. Knowlson 2001, S. 345). Sein Bruder Frank unterstützte ihn, wo er nur konnte, doch als er heiratete und ein eigenes Haus bezog, musste sich Beckett alleine mit der Mutter arrangieren – was ihm nicht gelang. Die angespannte Lage eskalierte, und Beckett verließ Dublin im Oktober 1937 in Richtung Paris, diesmal, um sich endgültig dort niederzulassen.

Paris: Selbstgewähltes Exil und Zweiter Weltkrieg (1937-1945)

In seiner neuen Wahlheimat fühlte sich Beckett endlich befreit. Er war häufig mit Freunden unterwegs, und gesundheitlich wie beruflich ging es bergauf: *Murphy* erschien 1938 und wurde im Großen und Ganzen wohlwollend besprochen. Der Dichter Dylan Thomas etwa listet die Qualitäten des Romans auf: »Energie, Witz, Ironie und komische Erfindungskraft.« Gleichzeitig sei der Text eine Mischung aus »schwierig und ernst« (zit. n. Graver / Federman 1979, S. 46 f.). Im Januar 1938 erlebte Beckett eine dramatische Situation, die geradewegs aus Albert Camus' Roman *Der Fremde* hätte stammen können. Auf dem nächtlichen Nachhauseweg wurde er von einem Zuhälter belästigt und lebensbedrohlich mit dem Messer verletzt. Der Mann hieß Prudent (der Vorsichtige), er entschuldigte sich in der späteren Gegenüberstellung artig und gab an, nicht zu wissen, warum er den ihm Unbekannten beinahe getötet hätte. Beckett hatte Glück im Unglück: Während des wochenlangen Krankenhausaufenthalts geschahen zwei Dinge, die sein Leben endgültig stabilisieren sollten. Erstens versprach er seiner herbeigeeilten Mutter, sie von jetzt an einmal jährlich zu besuchen, und lenkte damit das für beide belastende Verhältnis in überschaubare Bahnen. Mit einer weiteren Besucherin, der Pianistin und alten Bekannten Suzanne

Deschevaux-Dumesnil, entwickelte sich ein Liebesverhältnis, das 1961 in eine Ehe münden und bis zu ihrem Tod im Sommer 1989 anhalten sollte. Suzannes besonnene Art entlastete den zur Selbsterschöpfung neigenden Beckett. Sie teilte seine Begeisterung für die Musik, vor allem aber glaubte sie fest an seine Begabung. Ihrem Engagement ist es letztlich zu verdanken, dass er ein Schriftsteller von Weltruhm wurde.

Beckett war nicht ›treu‹ im herkömmlichen Sinn. Beim Anblick der Hochzeitsgeschenke seines Bruders hatte er bereits 1937 »diese[n] grässliche[n], unbewusste[n] gesellschaftliche[n] Zynismus« beklagt, der wisse, »daß die Beziehung schließlich auf Essengongs und Teewagen herunterkommt« (zit. n. Knowlson 2001, S. 342 f.). Darauf wollte er sich offenbar nicht einlassen und hatte immer wieder Affären oder Parallelbezie-

»Da ist eine Französin, die ich gerne mag«: Becketts Lebensgefährtin Suzanne in jungen Jahren

hungen. Besonders glamourös war seine Liaison mit der Millionenerbin, Kunstsammlerin und Galeristin Peggy Guggenheim (1937), über die sie in ihrer Autobiographie *Ich habe alles gelebt* (1998) ausgiebig informiert. Dennoch sorgte die Nachricht von Becketts regem Liebesleben im Kulturbetrieb für einige Überraschung: Jahrelang hatte man den Autor wegen seiner stillen Zurückhaltung, der ausgesuchten Höflichkeit und Rigorosität in Sachen Kunst für einen Asketen gehalten.

Ein weiteres Vorurteil konnte in den letzten Jahren aus der Welt geschafft werden: das vom unpolitischen Ästheten Beckett. Er selbst hat ein wenig zu diesem Missverständnis beigetragen. Als zurückhaltender Mensch und misstrauisch gegenüber der großen Geste war Beckett zwar nie ein ›engagierter Autor‹ im Sinne Sartres, dem Mitglied der Kommunistischen Partei, der auf Barrikaden stieg und politische Publizistik betrieb. Beckett engagierte sich so, wie es seinem Naturell entsprach: still, effektiv und beständig. Sein gesamtes Werk ist durchzogen von subtilen Belegen eines überzeugten Humanismus, und seine moralische Position lässt sich noch bis in die Essays über Kunst hinein verfolgen.

Vgl. »Beckett, Brecht, Müller«, S. 121 f.

Dass er auch konkret eingreifen konnte, stellte Beckett besonders während des Zweiten Weltkriegs unter Beweis. Bei Kriegsausbruch, am ersten September 1939, besuchte er gerade seine Mutter, fuhr jedoch sofort zurück nach Paris, da er »Frankreich im Krieg einem Irland im Frieden« vorzog (Samuel Beckett im Gespräch mit Israel Shenker; zit. n. Graver / Federman 1979, S. 147). Obwohl er als Ire in diesem Konflikt als neutral galt, stellte sich Beckett der französischen Armee als Ambulanzfahrer zur Verfügung, doch ehe er zugelassen werden konnte, war Frankreich von den deutschen Truppen besetzt. Beckett schloss sich daraufhin der Résistance an und wurde für seinen Einsatz nach dem Zweiten Weltkrieg mit dem Croix de Guerre und der Médaille de la Reconnaissance Française geehrt.

In der Untergrundzelle »Gloria SMH« fasste er Informationen über deutsche Truppenbewegungen zusammen, die er – auf Mikrofilm fotografiert – nach England weiterleitete. Später tat Beckett seinen Einsatz als »Pfadfinder-Kram« ab, dabei war die Sache lebensgefährlich. 1942 verriet der katholische Priester Robert Alesch die Gruppe, zahlreiche Mitglieder wurden verhaftet, gefoltert und in Konzentrationslager verschleppt. Beckett und Suzanne entkamen der Gestapo nur um Haaresbreite und hielten sich mit Hilfe von Freunden zunächst in und um Paris versteckt. Später flohen sie mit gefälschten Papieren auf abenteuerlichen Wegen in die nicht besetzte Zone Frankreichs. In Roussillon, einem kleinen Ort in der Provence, tauchten sie bis zu ihrer Befreiung durch die amerikanischen Truppen zwei Jahre lang unter. Auch hier schloss sich Beckett der Résistance an.

Während Beckett und Suzanne in ihrem kleinen Ort festsaßen und auf das ungewisse Ende des Krieges warteten,

> »Aber egal, wie sich die Dinge entwickeln, ich werde hier bleiben, im siebten Stock mit meiner Handvoll Sand.« (Samuel Beckett über seine Entscheidung, auch nach Kriegsausbruch in Paris zu bleiben, in einem Brief an seinen Agenten George Reavey vom 27. September 1938)

In der Résistance

> »[...] und da lag ich im Hinterhalt mit meinem Gewehr; zum Glück mußte ich es nie benutzen: keine Deutschen in Sicht.« (Samuel Beckett in einem Interview im Juli 1989; zit. n. Knowlson 2001, S. 428)

Das Haus der
Beckets in
Roussillon

mussten sie zumindest nicht hungern, da der Autor auf zwei
Bauernhöfen arbeitete und großzügig in Naturalien bezahlt
wurde. Aber die körperliche Schwerstarbeit bei Wind und
Wetter konnte seine innere Unausgefülltheit nicht überdecken. Die existentielle Erfahrung des unfreiwilligen War-
tens floss wohl auch in sein berühmtestes Stück *Warten auf
Godot* ein. Um in dieser Situation nicht die seelische Balance
zu verlieren und überhaupt am Schreiben zu bleiben, setzte
sich Beckett an ein Manuskript, das er bereits in Paris begon-

Vgl. »Die frühen   nen hatte: Seinen neuen Roman *Watt*. Die exzentrische Form
Romane«, S.67 ff.   dieses Textes, das skurrile Personal mit seinen surrealen Erleb-
nissen, überdrehten Kalkulationen oder grotesken Ausflügen
ins Dubliner (Universitäts)leben, haben einige Kommentatoren dazu verleitet, den Roman als Psychogramm eines geistig
verwirrten Autors zu lesen (wie etwa Bair 1994). Dabei wird
übersehen, dass Beckett an keiner Stelle die Kontrolle über
seinen gezielt aus dem Ruder laufenden Text verliert. Auch
wenn das Romanmanuskript von etlichen Verlagen abgelehnt
wurde und erst 1953 erschien, wurde die literarische Qualität
des Werks durchaus erkannt. So formuliert ein Lektoratsbe-
richt aus den Nachkriegstagen messerscharf: »[Das Buch]
zeigt ungeheure geistige Lebendigkeit, unerhörtes metaphysi-
sches Geschick und erlesene schriftstellerische Begabung« (zit.
n. Knowlson 2001, S. 433).

Im August 1944 wurden die deutschen Truppen von amerikanischen Divisionen nach Norden zurückgedrängt, und der Krieg war in Roussillon zu Ende. Beckett und Suzanne kehrten Anfang 1945 nach Paris zurück, wo sie ihre Wohnung ungeplündert und unbeschädigt vorfanden. Obwohl es sich in der befreiten Stadt nicht angenehm leben ließ – Nahrungsmittel und Heizmaterial waren knapp –, richteten sich beide bald in einem provisorischen Alltag ein.

Nach dem Krieg: Heimat in Paris und in der Kunst (1945-1953)

Besonders häufig traf sich Beckett mit dem Kunstpublizisten **Georges Duthuit** Georges Duthuit (dem Schwiegersohn des Malers Henri Matisse), der die Nachkriegsausgabe von *transition* in eine hochkarätige Kunstzeitschrift verwandelte. Der kluge, umgängliche Publizist wurde im kommenden Jahrzehnt zu einem engen Vertrauten Becketts und nahm gewissermaßen die Position Thomas MacGreevys ein. MacGreevy war 1950 zum Direktor der Dubliner National Gallery of Ireland ernannt worden und danach zu Becketts Enttäuschung mehr mit Kunstverwaltung als mit literarischer Produktion beschäftigt. Duthuit dagegen interessierte sich brennend für die Mitgestaltung der aktuellen Kunst, was er mit seinen vitalen Diskussions- und Textbeiträgen auch tat. Da zahlreiche Avantgardekünstler während des Zweiten Weltkriegs in die USA emigriert waren, hatten sie dort einflussreich weitergewirkt, so dass sich das Zentrum der Kunst nach 1945 zunehmend über den Atlantik verlagerte. Auf diese Entwicklung reagierte Duthuit mit offenem Interesse: Er schrieb auch für englischsprachige Blätter Artikel über die neuen Künstler, von denen Beckett viele übersetzte. Auf diese Weise bekam er einen fundierten Einblick in die damals virulenten Themen, was sich an seinen eigenen Texten zur Kunst erkennen lässt. Ein weiteres Zeugnis des intensiven Austauschs zwischen den beiden Männern ist die Publikation *Drei Dialoge* (1949), Becketts künstlerisch verdichtete Version dieser Unterhaltungen.

Auch wenn Beckett und Suzanne in den ersten Nachkriegsjahren ein »stilles und mageres Leben« führten (Brief Samuel Becketts an Thomas MacGreevy; zit. n. Knowlson 2001, S. 448), in dem er mit den Übersetzungen und sie mit Klavierunterricht und Näharbeiten einen kargen Lebensunterhalt bestritten, belastete die Armut sein Schreiben nicht. Im Gegenteil begann nun Becketts fruchtbarste Schaffenszeit, die er seine »Belagerung im Zimmer« nannte (zit. n. Bair 1994, S. 442). Der Begriff ist ein wenig irreführend und lange zu wörtlich verstanden worden. Denn Beckett ging ja nicht im strengen Sinne ›in Klausur‹. Er traf sich mit Freunden und Bekannten und trug durch seine Kunstpublikationen und engagierten Gespräche aktiv zu der kulturellen Aufbruchsstimmung im Nachkriegsfrankreich bei. Zudem kümmerte er sich um Mania Péron, die Witwe seines Freundes Alfred Péron, der kurz nach seiner Befreiung aus dem Konzentrationslager Mauthausen an den Folgen der dort erlittenen Entbehrungen gestorben war. Speziell scheint Beckett ein von einem Mithäftling überlieferter Bericht über die Stellung Pérons im Lager beeindruckt zu haben: Ein besonders brutaler Aufseher rief, wenn er etwas zu feiern hatte, oft betrunken nach dem literarisch gebildeten Franzosen, um sich von ihm Gedichte aufsagen zu lassen. Misshandlung und Schöngeisterei – eine groteske Kombination, die als authentische Quelle das Verhältnis zwischen dem mächtigen Pozzo und seinem Diener Lucky (*Warten auf Godot*) mit inspiriert haben könnte. Mania Péron war außerdem eine große Hilfe für Beckett, da sie bis in die späten fünfziger Jahre dessen französische Texte durchsah. Zwischen 1946 und 1950 wurde Beckett von einer »Schreibmanie« (Beckett; zit. n. Knowlson 2001, S. 451) gepackt, deren Auslöser ein ›Offenbarungserlebnis‹ in Dublin und seine Abkehr vom Englischen als Arbeitssprache waren. In den letzten beiden Kriegsjahren hatte Beckett seine Muttersprache kaum benutzt, und nachdem er schon früher gelegentlich auf Französisch geschrieben hatte, sollte er mit seiner ersten Prosapublikation wie selbstverständlich und für lange Zeit in die Sprache seiner Wahlheimat gleiten. Doch bevor er seinen recht flott formulierten kunsttheoretischen Essay *Die*

Die »Belagerung im Zimmer«

»Man erlebte das anders als das Schreiben auf englisch. Es war aufregender für mich – das Französisch-Schreiben.« (Samuel Beckett in einem Interview; zit. n. Knowlson 2001, S. 450)

Leben

Die Mutter als Blumenfreundin: May Beckett, ca. 1947

Welt und die Hose (1945/46) niederschrieb, besuchte Beckett im April 1945 die Familie in Dublin.

Seine Mutter war in den vergangenen sechs Jahren nicht nur deutlich gealtert, sie litt auch an der Parkinson'schen Krankheit, an der sie 1950 sterben sollte. In Becketts Abwesenheit hatte May ein kleineres Haus, »New Place«, bezogen, und in diesem Haus wurde dem Schriftsteller eines Tages schlagartig klar, wie sein weiteres Schreiben auszusehen hatte: einfach, authentisch, subjektiv. Er begann mit der Niederschrift seines Romans *Molloy* – in der ersten Person Singular. Später sprach er davon, dass die »Schreibmanie« an dem Tag begonnen habe, an dem er sich seiner »eigenen Dummheit bewußt« geworden sei (zit. n. Graver / Federman 1979, S. 217). Womit

Vgl. »Molloy«, S. 76 f.

wohl die Einsicht gemeint ist, dass Beckett seine (und die allgemein-menschliche) Grunderfahrung von Unwissenheit und Ohnmacht anerkannte, zum literarischen Material erhob und aus einer künstlerisch verfremdeten, aber dennoch subjektiven Perspektive darstellte. Die Plötzlichkeit dieser Einsicht und ihre Konsequenzen für Becketts Schreiben lassen dieses Erlebnis aussehen wie eine klassische Eingebung. Nicht ohne Selbstironie stattet Beckett diesen Moment denn auch in seinem Theaterstück *Das letzte Band* (1958) mit allen Zutaten einer romantischen Vision aus – ein auf einer Hafenmole angesiedeltes dramatisches Nachtstück bei stürmischer See im Lichtkegel des Leuchtturms – die der junge Krapp mit den Worten kommentiert: »Die Erleuchtung, endlich« (W 1, S. 161). Die bewusste Einschränkung des künstlerischen Möglichkeitsfelds klärte auch Becketts Verhältnis zu Joyce. »Ich erkannte«, vertraute er später seinem Biographen James Knowlson an, »daß Joyce, so weit es eben geht, vorgedrungen ist in Richtung des Mehr-Wissens, der Beherrschung seines Materials […]. Ich erkannte, daß meine Eigenart in der Verarmung lag, im Mangel an Wissen und im Wegnehmen, im Abziehen eher als im Hinzufügen.« (zit. n. Knowlson 2001, S. 444 f.)

Auf Französisch Für seine neue Ausrichtung schien Beckett das Französische die angemessene Arbeitssprache zu sein. Nicht nur ›behinderte‹ er sich dadurch konstruktiv – wie ein rechtshändiger Künstler, der aus Disziplinierungsgründen beginnt, mit der linken Hand zu zeichnen. Beckett fand es auch aufregend, linguistisches Neuland zu betreten. Mania Pérons Sohn berichtet von Becketts kindlicher Freude über sprachliche Merkwürdigkeiten seiner neuen Arbeitssprache, und diese begeisterte Erfindungsfreude ist in den ersten französischen Texten besonders deutlich zu spüren: wenn etwa der Autor genüsslich auffällige Redewendungen seziert und von seinen Helden hin und her wenden lässt.

Die Fremdsprache verlangsamte zugleich Becketts Schreibprozess, was ihm entgegenkam, da er so seinen Hang zum »anglo-irischen Redeschwall und dessen Automatismen« (Beckett; zit. n. Lake 1984, S. 49) in Schach halten konnte. Auf Französisch schrieb er einfach und direkt, ohne die über-

Leben

bordenden Einfälle, zahllosen Bildungsanspielungen oder »zu viel Farbe«, wie später seine beliebte Regieanweisung lautete, so die Schauspielerin Billie Whitelaw (Whitelaw 1996). Die relative Fremdheit der neuen Sprache sensibilisierte ihn zudem für ihre Musik, ihre Rhythmen und Klänge und führte ihn hin zu dem musikalisch strukturierten Schreibfluss, der typisch ist für sein Nachkriegswerk.

Als Beckett nach seinem folgenreichen Dublinbesuch wieder nach Paris zurückkehren wollte, stellte er fest, dass er nicht als Privatperson nach Frankreich einreisen konnte. Also schloss er sich im August 1945 einer Mission des Irischen Roten Kreuzes an, die damals im völlig zerbombten Saint-Lô in der Normandie ein Krankenhaus aufbaute. Dort arbeitete er als Lagerverwalter und Übersetzer, der mit seinen drei Sprachen gewährleisten konnte, dass die Kommunikation zwischen der französischen Bevölkerung, dem irischen Personal und den deutschen Kriegsgefangenen reibungslos klappte. So engagiert sich Beckett auch in Saint-Lô einsetzte, schrieb er doch nach ein paar Monaten an MacGreevy: »Wenn ich mich nicht bald wieder ganz frei fühlen kann, wird mir die Freiheit nie mehr zu etwas gut sein.« (zit. n. Knowlson 2001, S. 442)

Beim Irischen Roten Kreuz

Anfang Januar 1946 war es dann so weit: Bei Eiseskälte saß Beckett in seiner unbeheizten Wohnung im siebten Stock in der Pariser Rue des Favorites und schrieb mit einer Energie, die ihn selbst überraschte. Während dieser Zeit sorgte er sich auch weiterhin um Kontakte zum Kulturbetrieb: Über die Vermittlung von Jacoba van Velde, der Schwester seiner Malerfreunde Geer und Bram, gelang es ihm 1946, einen Teil seiner ersten französischen Novelle *Das Ende* in der renommierten Avantgardezeitschrift Jean-Paul Sartres, *Les Temps modernes*, zu platzieren. Später im Jahr folgte die Publikation von acht Gedichten. Damit war Beckett in der Pariser Literatenszene gut positioniert. 1947 schien es weiter bergauf zu gehen: Der Verleger Pierre Bordas brachte die französische Übersetzung von *Murphy*, und der Kurzroman *Mercier und Camier* war bereits seit 1946 abgeschlossen. Als sich *Murphy* schlecht verkaufte, verlor Bordas das Interesse, ohne Beckett allerdings diesen Sinneswandel mitzuteilen.

Mercier und Camier, vgl. S. 75

Kritischer Blick:
Beckett in einer
Ausstellung Bram
van Veldes, 1957

Becketts Erlebnisse der Kriegsjahre finden weniger motivisch
als strukturell Eingang in seine vier Erzählungen, vier Romane und zwei Theaterstücke, die er bis 1950 schrieb, indem
seine Helden auf die völlige Zufälligkeit der Entwicklung
spontan und selbstverständlich mit Improvisationskunst und
Adaptionsfähigkeit reagieren. So lebendig, witzig und mensch-
lich sich das liest, hebt sich Becketts Stil natürlich deutlich
von einer realistischen, vordergründig »humanen« Literatur
ab. »Human«, schrieb er kämpferisch in seinem Essay *Die
Welt und die Hose* über die Malerbrüder van Velde, sei ein Begriff, den man sich für die Zeiten der großen Gemetzel auf-
spare. Und warum man immer ein religiöses Massaker oder
die Pest brauche, »damit die Menschen auf den Gedanken
kommen, sich zu lieben, den Gärtner von nebenan in Frieden
zu lassen und einfach, ganz einfach zu sein« (Beckett; zit. n.
Glasmeier / Hartel 2000, S. 40).
Diese Haltung wie die Tatsache, dass der soziale und historische Kontext seiner Figuren stets nur angerissen wird, um
seine völlige Unwichtigkeit für das Innenleben seiner Figuren
zu verdeutlichen, führte immer wieder zu Missverständnissen
oder Missdeutungen. Man warf Beckett Ästhetizismus, Nihi-
lismus oder politisches Desinteresse vor. Tatsächlich aber
blieb er auch nach dem Zweiten Weltkrieg politisch äußerst
wachsam: Er engagierte sich ausdrücklich gegen Rassismus,
Unterdrückung und Armut. So verhinderte er, dass seine
Stücke im von der Apartheid geprägten Südafrika vor einem

Leben

rassengetrennten Publikum gespielt wurden. Für Irland verhängte er zeitweise ein Aufführungsverbot, als ihm, dessen Werke W*horoscope* und *Mehr Prügel als Flügel* dort ehemals **Zensur** auf dem Index gestanden hatten, zu Ohren kam, dass ein Stück von Sean O'Casey zensiert worden war. Zeit seines Lebens unterstützte Beckett Menschenrechtsorganisationen wie Amnesty International, Index on Censorship oder Oxfam und verfolgte mit großem Interesse die Demokratiebewegung in Osteuropa. Als Teil einer Protest- und Solidaritätsveranstaltung für den inhaftierten tschechischen Schriftsteller Václav Havel schrieb er 1982 das Stück *Katastrophe*. Es wurde auf **Katastrophe, vgl.** dem Theaterfest in Avignon uraufgeführt und dennoch, wie **S. 108** James Knowlson bemerkt, gelegentlich als nachträgliche Hinzufügung ohne aktuellen Bezug gewertet (Knowlson 2001, S. 846). Doch das zentrale Bild des auf einer Kiste ›ausgestellten‹ und somit gedemütigten Protagonisten weckt nicht nur die Assoziation einer modernen Ecce-Homo-Figur. Das eindringliche Theaterbild erhielt 2004 eine unfreiwillige Aktualisierung, als auf einem der Folterfotos aus dem US-Gefängnis Abu Ghraib im Irak ein Mann zu sehen ist: in dieser erniedrigenden Haltung auf einer Kiste stehend. Der Publizist Ulrich Raulff sprach in diesem Zusammenhang von einer »Bildergeschichte der menschlichen Infamie« (*Süddeutsche Zeitung*, 4. **Vgl. »Filme und** Mai 2004) und beschreibt mit diesem Begriff auch die universell verständliche Ikonologie von *Katastrophe* und einem weiteren ›Folterstück‹ Becketts, *Was wo* (1983). **Fernsehstücke«, S. 100 ff.**
Ende der vierziger Jahre war Becketts große Trilogie vollendet, und er musste erfahren, dass Bordas sich nicht mehr für die Publikation eines solch unlukrativ wirkenden Autors interessierte. Also trug Suzanne die Manuskripte eigenhändig von Verlag zu Verlag, nachdem sie in ihrem Urteil über die Qualität der Werke auch von Schriftstellern wie Tristan Tzara bestätigt worden war. Glück hatte die engagierte Agentin allerdings erst 1950, bei Jérôme Lindon, ihrem buchstäblich letzten Versuch. Der Jungverleger hatte in seinen *Editions de* **Jérôme Lindon** *Minuit* bereits Bücher von Georges Bataille, Maurice Blanchot und Pierre Klossowski herausgebracht. Nachdem er das Manuskript des *Molloy* sozusagen in der Mittagspause ver-

schlungen hatte, nahm er auch Beckett begeistert in sein Programm auf. Charakteristisch war wiederum dessen Reaktion auf die Unterzeichnung des Vertrags: Niedergeschlagen befürchtete er, seinen enthusiastischen neuen Verleger zu ruinieren.

> »Suzanne verdanke ich alles. Sie ging mit meinen Romanen hausieren [...], während ich in einem Café saß ›Däumchen drehend‹, oder was man auch immer da dreht.« (Samuel Beckett; zit. n. Knowlson 2001, S. 475)

Ebenfalls 1950 fand Suzanne in dem Schauspieler und Regisseur Roger Blin einen Interessenten für Becketts Theaterstück *Warten auf Godot,* das 1948/49 in sehr kurzer Zeit entstanden war; zur Entspannung, wie er sagte, und »um von der schrecklichen Prosa wegzukommen«, die er damals schrieb (zit. n. Dukes 2001, S. 87). Auch wenn Beckett heute vor allem wegen seiner Theaterarbeiten geschätzt wird, wertete er selbst seine Prosa höher, denn es machte ihn skeptisch, dass die Stücke ihm so leicht zugefallen waren. Diese Begründung lässt wieder einmal den Einfluss von Joyce' (und dem mütterlichen?) strengem Arbeitsethos erkennen, vor dem Beckett eine enorme Hochachtung empfand und das er sich zu Eigen gemacht hatte.

Im Paris der Nachkriegszeit, wo nicht nur der Existentialismus in voller Blüte stand, sondern Schriftsteller, die dem 1957 geprägten Schlagwort »Nouveau roman« angehörten, mit neuen Erzählformen experimentierten, wurden die ersten beiden Romane des Französisch schreibenden Iren begeistert aufgenommen.

Ruhm, Regie und Experiment (1953-1988)

Seinen Durchbruch vom Geheimtipp zum weltbekannten Schriftsteller erlebte Beckett dann völlig überraschend 1953 mit der Uraufführung von *Warten auf Godot.* Wobei die Reaktionen zunächst gemischt waren: Die Kritik jubelte, Teile des ›normalen‹ Publikums reagierten jedoch befremdet oder sogar empört. Wie später bei der Premiere seines 35-mm-Films

Vgl. *Warten auf Godot,* S. 83 ff.

Comédie in Venedig (1966), wurde die Aufführung durch lautstarke Proteste gestört, und es kam zu Handgreiflichkeiten. Es war wohl der Angriff des Autors auf die aristotelische Logik der Dramaturgie, das offene Ausstellen einer (scheinbaren) Ereignislosigkeit, was die Gemüter erregte. Wie immer in solchen Fällen, entwickelte der Skandal eine enorme Sogwirkung: Jetzt musste man den *Godot* einfach gesehen haben, und innerhalb kurzer Zeit galt dieses ›Muss‹ auch weit über die Grenzen Frankreichs hinaus.

Besonders schnell reagierte man in Deutschland auf den neuen Shootingstar aus Paris: Schon im Herbst 1953 war *Godot* übersetzt und wurde am Berliner Schlossparktheater aufgeführt. Die Reaktionen ähnelten denen in Frankreich: Durchschnittsbesucher beschwerten sich über die Zumutung dieser »modernen, entarteten Kunst« (zit. n. Völker 1986, S. 44), während die Kritik erkannte, dass dies ein »Ereignis von theatergeschichtlicher Bedeutung« war, da »endlich die dramaturgische Entsprechung des Neuen Romans, der Neuen Musik, der Neuen Malerei geglückt« sei (so der österreichische Theaterkritiker Hans Weigel; zit. n. Völker 1986, S. 43).

> »Auch in ganz Deutschland werde ich aufgeführt [...] kann mir vielleicht einen Teppich und einen Kühlschrank leisten.« (Brief Samuel Becketts an seine Jugendfreundin Mary Manning Howe vom 22. Juni 1953)

Beckett reiste zur Premiere nach Berlin, und mit diesem Besuch begann eine zweite Phase seines »German fever«, wie er in den dreißiger Jahren seine Beziehung zu Deutschland nannte (Brief an MacGreevy vom 21. November 1932). Nachdem Regisseur Deryk Mendel 1965 bei einer Inszenierung des *Godot* am Berliner Schiller Theater nicht weiterkam, da die Schauspieler eine Art heiligen »Beckett in Großbuchstaben« auf die Bühne bringen wollten, der so bedeutungsschwanger und unerbittlich war, dass es an »keiner Stelle etwas zu lachen« gäbe (zit. n. McMillan / Fehsenfeld 1988, S. 85), holte Intendant Boleslaw Barlog den Autor als Berater nach Berlin. Die beratende Zusammenarbeit war so erfolgreich, dass Bar-

»German fever«

log dem Schriftsteller anbot, selbst eines seiner Stücke zu inszenieren. Beckett entschied sich für seinen Liebling, das *Endspiel*, das die Reihe der inzwischen legendären sieben Inszenierungen in der Werkstatt des Berliner Schiller Theaters einleitete. Zwischen 1967 und 1978 entstanden außerdem *Das letzte Band* (1969), *Glückliche Tage* (1971), *Warten auf Godot* (1975), *Damals / Tritte* (1976), *Krapp's Last Tape* (in englischer Sprache, 1977) und *Spiel* (1978). Die Regiearbeit lag Beckett. Seine Anweisungen waren knapp und konkret, und er gab sie in einem »fast pedantisch richtige[n] Deutsch im sprunghaft zögernden Rhythmus dessen, der die Worte suchen muß. Aber er [fand] sie fast immer.« (Haerdter 1969, S. 97)

Vgl. »Kleine Welten: Große Theaterstücke«, S. 82 ff.

Beckett bei den Proben zu *Godot* am Berliner Schiller Theater, 1975

Beckett wusste genau, was er auf der Bühne sehen (und hören) wollte, und immer wieder musste er die Schauspieler bremsen, wenn sie die Systematik seiner exakten Sprach- und Bewegungsrhythmen zu weit trieben oder die humoristischen Elemente falsch einsetzten. Auch dem Grau des Bühnenbilds, das während der *Endspiel*-Inszenierung 1967 bereits zum Erkennungszeichen des Beckett'schen Kosmos geworden war, verlieh der Autor als Bildregisseur eine spannungsvolle, malerische Qualität, indem er nämlich die graue Wandfärbung mit Gelb grundierte und dadurch lebendiger machte.

Obwohl Beckett über den Hintergrund seiner Stücke nie Auskunft geben wollte, war er sehr entschieden, wenn es darum ging, die Bedeutung herauszuarbeiten, die ein bestimmter Moment im Verhältnis der Figuren zueinander hatte. Es ist bezeichnend, dass eine der wenigen Aussagen, die er über den Sinn des *Godot* machte, genau die Beziehung der Menschen zueinander betraf: »Alles Symbiose […]; Symbiose, darum geht's.« (Beckett im Gespräch mit dem Estragon-Darsteller Peter Woodthorpe; zit. n. Knowlson 2001, S. 526)

Die Regiearbeit kam zudem Becketts Hang zum Perfektionismus entgegen. Denn wie er in seinen Übersetzungen der eigenen Arbeiten die Atmosphäre, die Stimmung und den Ton des jeweiligen Romans oder Stücks in eine andere Sprache (und damit auch in eine andere Kultur) überführte, hatte er jetzt als Regisseur die Möglichkeit, die Übertragung seiner Stücke von der gedruckten Seite ins lebendige Bild unmittelbar zu gestalten. Er tat dies, indem er die musikalische Struktur der Texte betonte, Rhythmus, Sprechtempo und Tonhöhe herausarbeitete, die Bewegungen der Schauspieler wie auch die Lichtsetzung choreographierte und den exakten Bildaufbau bestimmte. Um diese Wirkung zu optimieren, arbeitete Beckett die Dialoge während der Proben oder auch als Folge der Aufführungen um. Sein Markenzeichen wurden dabei neben der äußersten Präzision der Inszenierung vor allem die Hervorhebung des Humors, der Wärme seiner Stücke, die mit den Jahren allerdings deutlich kürzer und strenger wurden.

Beckett als Regisseur

»Becketts *Godot*-Inszenierung ist ja die komischste, die es gegeben hat.« (Der Beckettforscher Martin Esslin in einem Interview; Esslin 1996)

Während seiner Berlin-Besuche wohnte Beckett als Gast in der Akademie der Künste (später wurde er Akademie-Mitglied) und spazierte wie Jahrzehnte zuvor stundenlang durch den Tiergarten oder die Museen. Einmal stand er mit der Theaterwissenschaftlerin Ruby Cohn in der Neuen Nationalgalerie vor Caspar David Friedrichs *Mann und Frau den Mond betrachtend* (um 1824). »Weißt du«, sagte er plötzlich, »das war ja die Quelle zu *Warten auf Godot*.« (zit. n. Knowlson 2001, S. 477) Dass bestimmte Bilder Alter Meister Beckett zu Theaterstücken oder Prosa inspirierten, kam häufig vor. So basiert

Caspar David Friedrich, vgl. S. 87

etwa der Bildaufbau seines Stücks *Nicht Ich* (1972) auf einer Betrachterfigur in Caravaggios Gemälde *Die Enthauptung Johannes des Täufers* (1608), das Beckett während eines Malta-Urlaubs in der Johanneskathedrale von La Valletta gesehen hatte.

Vgl.
»Medienkünstler
Beckett«,
S. 126 ff.

Die Anforderungen der Regiearbeit übten auch auf Becketts Prosa einen großen Einfluss aus: Sie wurde zusehends bildbetonter, bis sie sich im Spätwerk als eine Art ›visuelle Poesie‹ lesen lässt. Es ist also wohl einer der Glücksfälle im paradiesisch subventionierten Kulturbetrieb des westlichen Nachkriegsdeutschlands, Beckett bei seinen Experimenten mit einer zusehends knapper und präziser werdenden Bildsprache unterstützt zu haben. Nach dem sensationellen Erfolg des *Godot* war in seinem Leben nichts mehr wie früher. Der Verleger Lindon wurde mit Inszenierungs-, Übersetzungs- und Interviewanfragen geradezu überschwemmt, und zum ersten Mal seit Beginn seiner Karriere als Schriftsteller verfügte der jetzt 47-jährige Beckett über ansehnliche Einnahmen. (Legendär wurde seine Großzügigkeit gegenüber Freunden, Stiftungen und Unbekannten.) Auch Zensur und Presse begannen, sich für Beckett zu interessieren, und es wurde unangenehm turbulent in seinem Leben. Vor allem mit dem Lord Chamberlain, dem Oberhaupt der englischen Zensurbehörde, entwickelte sich eine unfreiwillig lange Beziehung. 1958 ergab sich ein besonders pikantes Problem: Der Lord Chamberlain

Endspiel, vgl.
S. 87 ff.

fand eine Szene im *Endspiel* gotteslästerlich, in der Hamm nach einem Gebet enttäuscht bemerkt, dass Gott nicht antwortet, und ruft: »Der Lump! Er existiert nicht!« Die englische Entsprechung von »Lump« – »bastard« – fand die Zensur inakzeptabel, und Beckett, der bereits einige rüde Begriffe im Stück geändert hatte, wollte in diesem Punkt nicht nachgeben, da er die Stelle nicht blasphemischer fand als den Ausruf Christi: »Mein Gott, mein Gott, warum hast du mich verlassen?« Eine besonders absurde Wendung bekam die Sache dadurch, dass das *Endspiel* im Jahr zuvor bereits in London aufgeführt worden war – auf Französisch. Woraufhin die Presse genüsslich fragte, ob man Menschen, die des Französischen mächtig seien, für weniger schützenswert hielte, da sie per se

»unrettbar verlorene Atheisten oder Agnostiker« seien (zit. n. Knowlson 2001, S. 565). Und wie so oft spiegelt sich in Becketts Werkgeschichte zugleich Kulturgeschichte: Dokumentiert diese Episode doch eine bis in die achtziger Jahre festzustellende Phobie des englischen Bürgers vor französischer Freizügigkeit. Die Auflösung der Situation war so grotesk wie überraschend: Als Beckett zuletzt entnervt die Änderung von »bastard« in »swine« (Schwein) vorschlug, lenkte die Behörde ein, und man fragte sich im Freundeskreis des Autors, ob das denn wirklich weniger verletzend sei.

In den ersten Jahren seines frischen Ruhms gab Beckett in einigen Interviews entscheidende Auskünfte über seine künstlerische Haltung. Etwa die viel zitierte Bemerkung, dass Verwirrung und Chaos nicht seine Erfindung seien, sondern nun einmal den modernen Menschen bestimmten und deswegen durch die Kunst ausgedrückt werden müssten. Beckett stellte hier außerdem klar, dass es ihm nicht um die Abschaffung der künstlerischen Form per se ging – auch das ein häufiges Missverständnis –, sondern um die Erfindung einer neuen Form, »die das Chaos einlässt« (Samuel Beckett im Gespräch mit Tom Driver; zit. n. Graver / Federman 1979, S. 218 f.). In diesem Gespräch äußerte sich Beckett auch zu seiner Position des überzeugten Zweiflers. Kunst, so erläuterte er am Beispiel der geheimnisvollen frühgotischen Kathedrale von Chartres, könne keine Antworten auf die drängenden Fragen der Menschheit geben. Sie müsse die Fragen aber stellen und offen zu ihrer Ohnmacht stehen. Aus diesem Grund sei das Schlüsselwort seiner Stücke »Vielleicht« (ebd., S. 220).

Weil Beckett aber ein schüchterner Mensch war und forsche Korrespondentenfragen scheute, entzog er sich mehr und mehr dem Presserummel: »Was aber die Journalisten angeht, bin ich der Meinung, dass man sich nur weigern kann, sich auf jedwede Form der Exegese einzulassen. Und dass man auf der extremen Einfachheit von dramatischer Situation und Thema bestehen muss.« (Samuel Beckett in einem Brief an Alan Schneider; zit. n. *Disjecta*, S. 109) So entstanden

»Sie legen mir zu gewichtige Dinge in den Mund!« (Samuel Beckett über die Interpretation seines Werks; zit. n. Federman 1996)

einerseits schier unausrottbare Gerüchte vom unnahbaren Nihilisten, lebensverneinenden Pessimisten oder dem zurückgezogenen, »traurigen Sam Beckett« (Fuegi 1975, S. 185), denen er nichts entgegenhielt, auf der anderen Seite wurde er jedoch auch (fast) nicht mehr belästigt.

In den fünfziger Jahren stellte ihm einmal ein »sogenannter Intellektueller« auf einer Party in London nach: Der Mann fragte, warum Beckett immer nur über Not und Elend schreibe und unterstellte populärpsychologisch ein Kindheitstrauma. Als der Schriftsteller versicherte, er habe eine glückliche Kindheit gehabt, fand sein Gegenüber ihn erst recht »pervers«. Später nahm Beckett ein Taxi und sah auf der gläsernen Trennwand drei Aufkleber von Spendenaufrufen, »eines bat um Hilfe für die Blinden, ein weiteres um Hilfe für die Waisenkinder und das dritte um Unterstützung für die Kriegsflüchtlinge«. Becketts Fazit: »Nach Not und Elend braucht man nicht zu suchen, sie schreien uns ins Gesicht. Sogar in Londoner Taxis.« (Beckett im Gespräch mit Tom Driver; zit. n. Graver / Federman 1979, S. 221)

Immer wieder bedrängte man den Autor des *Godot* mit der **Wer ist Godot?** Frage, wer diese Person denn nun sei. Seine Biographin Deirdre Bair gibt eine Reihe von teilweise skurrilen Möglichkeiten an, die von einer Balzac-Figur namens Monsieur Godeau über die Konfrontation Becketts mit einer Prostituierten reicht, die ihn an einer Bushaltestelle in der Rue Godot de Mauroy gefragt haben soll, ob er auf Godot warte, nachdem er die von ihr angebotenen Dienste abgelehnt hatte. Die gängigste Auslegungsbemühung sieht in dem englisch ausgesprochenen Godot den resignierten Ausruf »God, oh!« (Bair; zit. n. Völker 1986, S. 50). Beckett selbst hat sich immer gegen solche Versuche gewehrt und entnervt gefragt, wie man eine so einfache Sache derart verkomplizieren könne. Öffentlich wiederholte er immer wieder, dass alles, was er wisse, in seinen Stücken stehe und, hätte er gekonnt, er das Geheimnis um die Identität sicher gelüftet hätte. Spontan und ohne Rückfragen verstanden wurde der *Godot* interessanterweise von Gefangenen, wie etwa die beeindruckende erste Aufführung des **Vgl. S. 116 f.** Stücks im Gefängnis San Quentin bei San Francisco (1957) zeigte. Nach anfänglicher Enttäuschung, dass keine Frauen auf der Bühne zu sehen waren, herrschte die gesamte Vorführung über angespannte Aufmerksamkeit. Die Situation der Figuren Wladimir und Estragon kannte im Publikum jeder, und *Godot* soll in der Folge zum geflügelten Wort unter den Zuchthäuslern geworden sein.

»Am 19. November 1957 wartete eine Gruppe aufgeregter Schauspieler auf ihren Auftritt. Die Schauspieler waren Mitglieder des Ensembles ›Actor's Workshop‹ in San Francisco; ihr Publikum bestand aus vierzehnhundert Insassen des Zuchthauses von San Quentin. [Es] sollte hier jetzt ein Stück aufgeführt werden, das man hauptsächlich deshalb ausgewählt hatte, weil es keine Frauenrollen enthält: Samuel Becketts ›Warten auf Godot‹. [...] Der Vorhang hob sich. Das Spiel begann. Und was das intellektuelle Publikum von Paris, London und New York verwirrt hatte, das begriffen die Sträflinge sofort. [...] Sie hörten und sahen zwei Minuten zu lange zu – und blieben. Blieben bis zum Schluß. Alle waren erschüttert...« (Martin Esslin, *Das Theater des Absurden*, S. 10)

Wegen der zahlreichen biblischen Anspielungen in seinem Werk hat auch Becketts Verhältnis zur Religion sein Publikum beschäftigt. Der Schriftsteller selbst erklärte dazu schon früh, dass seine Stücke keine religiöse Bedeutung hätten. Seine Erfahrung habe gezeigt, dass die Religion für Menschen in kritischen Momenten nur sentimentalen Wert habe wie die Krawatte einer alten Schuluniform (Samuel Beckett im Gespräch mit Tom Driver; zit. n. Graver / Federman 1979, S. 220). Beckett setzte Szenen aus der Bibel eher künstlerisch ein: als literarisches Zitat oder kulturhistorisches Motiv. Er war vom formalen Aufbau ihrer Lehrsätze fasziniert, wie er Tom Driver gegenüber erklärte: »Nehmen Sie Augustinus' Doktrin von der zurückgehaltenen und gewährten Gnade. Haben Sie schon mal über die dramaturgische Qualität dieser Theologie nachgedacht? Zwei Schächer werden gekreuzigt, einer wird gerettet, der andere verdammt.« (zit. n. Graver / Federman 1979, S. 220)

Schächer, vgl. S. 84

Obwohl Beckett ab den fünfziger Jahren wieder sehr unter dem Schreiben litt und seiner Freundin Ethna MacCarthy gegenüber meinte, es gebe »[k]eine Höhen mehr, keine Tiefen«, nur noch »Flaute« (zit. n. Knowlson 2001, S. 555), wuchs sein Werk stetig, und die Anerkennungen häuften sich. 1959 verlieh ihm das Dubliner Trinity College zu seiner großen Freude die Ehrendoktorwürde – die einzige, die er je annahm. Im gleichen Jahr erhielt er für sein Hörspiel *Aschenglut* den Prix Italia. 1961 erschien Martin Esslins große Studie über *Das Theater des Absurden*, die der neuen Theaterrichtung nicht nur einen griffigen Namen gab, wie es von heute aus gesehen manchmal scheint, sondern sie auch sehr differenziert einordnete und damit am Anfang der inzwischen fast unüberschaubar gewordenen Flut von Sekundärliteratur über Beckett stand.

Ebenfalls 1961 teilte sich Beckett mit Jorge Luis Borges den Internationalen Verlegerpreis, und nur 16 Jahre nach der Uraufführung des *Godot* traf am 23. Oktober 1969 ein lakonisches Telegramm von Jérôme Lindon im Hotel der inzwischen verheirateten Becketts ein, die gerade in Tunesien **Nobelpreis** Urlaub machten: »Trotz allem haben sie Dir den Nobelpreis verliehen – Ich rate Euch, unterzutauchen.« (zit. n. Knowlson 2001, S. 715) Von Suzanne ist überliefert, ihr erster Reflex auf die Nachricht sei ein verstörtes »Was für eine Katastrophe!« gewesen. Sie fürchtete um die ohnehin immer gefährdete Ruhe ihres Lebensgefährten. Mit Hilfe des Hotelpersonals versteckte sich Beckett dann tatsächlich, so gut es ging, im Hotelzimmer. Den Preis ließ er von seinem Verleger in Stockholm entgegennehmen, da er die aufwendige Zeremonie einfach nicht über sich ergehen lassen konnte.

Seitdem er berühmt war, beklagte sich Beckett in Briefen über den Mangel an Zeit und Muße und, damit zusammenhängend, auch an Inspiration. Er war sehr mit Übersetzungen seiner Werke und der Inszenierung seiner Stücke beschäftigt, so dass das konzentrierte Schreiben zusehends schwieriger wurde, auch, weil nach jedem seiner Experimente der »Rahmen des Möglichen kleiner und kleiner wurde« (Beckett im Gespräch mit Israel Shenker; zit. n. Graver/Federman 1979,

S. 145). Und wenn er auch in den gut 40 Jahren nach seiner produktivsten Phase immer wieder bahnbrechende Neuerungen in Theater, Prosa, Hörspiel, Film und Fernsehen hervorbrachte, wurde seine Klage über Schreibhemmungen zu einem Leitmotiv seines Lebens. In seiner witzigen Art schrieb er schon früh an die Freundin Mary Manning Howe: »Habe jetzt schon seit 1950 nichts geschrieben und freue mich darauf, genau so weiterzumachen bis zum Herzversagen« (22. Juni 1953).

Um dem Stadtleben mit seinen beruflichen Verpflichtungen, den Besuchen bei Freunden und Kneipentouren mit alten und neuen Bekannten zu entkommen, hatte sich Beckett 1952 in Ussy-sur-Marne, nahe bei Paris, ein kleines Haus bauen lassen. Hier fand er, was er brauchte: frische Luft, einen Garten, zwei Zimmer und einen großen Papierkorb. Immer wieder zog er sich mit Suzanne (später zusehends allein) dorthin zurück, wenn er zur Ruhe kommen wollte. Oder wenn er, wie leider sehr oft, den Tod eines nahestehenden Menschen verwinden musste. Besonders brachten ihn der Verlust seines Bruders Frank (1954) und drei Jahre später die Nachricht von der lebensbedrohlichen Erkrankung seiner alten Liebe Ethna MacCarthy aus der Fassung. Um sich wieder zu fangen, las er in Ussy – Zeitgenössisches, aber auch immer wieder die »alten Knaben«, wie er sagte: Shakespeare, Dante, Cervantes. Er ver-

Ein Garten, zwei Zimmer und ein Papierkorb: Beckett vor seinem Haus in Ussy-sur-Marne, 1962

folgte auch Hörspiele und Sportübertragungen am Radio, ging wandern oder arbeitete im Garten. Die Momente äußerster Erschütterung über Tod und Krankheit seiner Freunde gingen oft Hand in Hand mit einer für ihn selbst überraschenden Schaffenskraft. Während Beckett die früher so mitreißend vitale Ethna betrauerte, schrieb er sein Stück *Das letzte Band* (1958), und wenn die Erinnerungen des alten Krapp auch mit Becketts Cousine Peggy in Verbindung gebracht wurden, ist doch Ethna MacCarthy ebenfalls sehr präsent. In jedem Fall spiegelt die elegische Atmosphäre des Stücks seinen Gemütszustand dieser Zeit wider. Später bemerkte Beckett selbst: »Die Stimme einer Frau tönt durch das ganze Stück, immer wiederkehrend, ein lyrischer Ton« (zit. n. Knowlson 2001, S. 556).

Vgl. *Das letzte Band*, S. 91 ff.

Mit den Jahren tauchte auch die alte Niedergeschlagenheit wieder auf, vor allem, wenn Beckett wieder einmal unter Schreibschwierigkeiten litt. Doch selbst dann versuchte er beharrlich, sich weiterzumühen. Diese Versuche unternahm er nicht nur beim Schreiben für Buch und Bühne. Als 1964 sein amerikanischer Verleger Barney Rosset ein Filmprojekt anregte, erfüllte sich der alte Wunsch des Autors, ›Kino‹ zu machen. In enger Zusammenarbeit mit seinem amerikanischen Bühnenregisseur, Alan Schneider, und mit Buster Keaton in seiner letzten Rolle entstand der (Fast)Stummfilm *Film* (nur einmal ist ein lautes »SHHH« auf der Tonspur zu hören). Keaton spielte wunderbar – auch wenn er nach Aussagen des Regisseurs mit dem Skript nichts anfangen konnte. Er erinnerte sich zwar »an die *Godot*-Sache, aber die habe er auch nicht verstanden« (Schneider; zit. n. Bair 1994, S. 716). 1965 wurde die tragikomisch-philosophische Abhandlung über das Sehen, das Ich und die Unerbittlichkeit der Selbstwahrnehmung mit Erfolg auf dem Filmfest in Venedig gezeigt. *Film* gewann hier wie auf den Filmfestivals von Oberhausen, London und Tours Auszeichnungen. Wie unberechenbar der Kulturbetrieb allerdings mit neuen, ungewohnten Arbeiten seiner Günstlinge umgehen kann, zeigte im Jahr darauf die Reaktion auf Becketts neuen Film *Comédie*, den er mit dem jungen Filmemacher Marin Karmitz nach dem gleichnami-

Film, vgl. S. 101

Leben

Zwei Welten:
Beckett und
Buster Keaton
am Set von *Film*
in New York,
1964

gen Theaterstück als ungewöhnliches »optische[s] Erleb[nis]«
(Beckett; zit. n. Knowlson 2001, S. 311) realisiert hatte. Der
hochexperimentelle Film eröffnete 1966 das Filmfest in Venedig, provozierte beträchtliche Unruhe im Saal und wurde
kurz von der Presse als Skandal gefeiert, bevor er fast 40 Jahre
lang im Archiv von Karmitz verschwand.

Dass dieser Film inzwischen in Kunstgalerien und Museen zu
sehen ist, zeigt, wie sehr sich Beckett Mitte der sechziger Jahre
bereits einer weiteren alten Leidenschaft angenähert hatte, der
bildenden Kunst. Zu dieser Zeit wurde auch die internationale Avantgarde auf den Schriftsteller aufmerksam: Bildende Künstler wie Bruce Nauman, Nam June Paik, Sol LeWitt

Bruce Nauman
und John Cage,
vgl. S. 130 ff.

oder der Komponist John Cage ließen sich von Becketts Werk inspirieren, und Jasper Johns illustrierte 1976 dessen lyrischen Erzählband *Foirades / Fizzles*. Auch die ambitionierten jungen Filmemacher der »Nouvelle Vague« schienen in Beckett den Klassiker zu erkennen: In François Truffauts Kultfilm *Fahrenheit 451* (1966) zählt *Warten auf Godot* zu einem der ersten verbrannten (weil verbotenen) Bücher.

»Wir schreiben keine Romane mehr«, erklärte Beckett 1967 gegenüber seinem Regieassistenten am Berliner Schiller Theater, »ich spreche nicht gern davon, aber es ist eine imaginative Arbeit.« (zit. n. Haerdter 1969, S. 108) Beckett spielte hier auf seine zunehmende Neigung an, geschlossene Systeme zu schaffen, überschaubare künstliche Welten, die wie visuelle Metaphern zu verstehen sind. Als Grund gab er an, dass man sich »eine eigene Welt schaffen [müsse], um sein Bedürfnis zu wissen, zu verstehen, sein Bedürfnis nach Ordnung zu befriedigen« (ebd.). Also lag für ihn der Wert des Theaters darin, eine kleine Welt herzustellen mit eigenen Gesetzen, die man regeln könne wie auf einem Schachbrett (ebd.).

Vgl. »Filme und
Fernsehstücke«,
S. 100 ff.

Zwischen 1966 und 1985 ergab sich für Beckett die Möglichkeit, seinen Ausflug in ›kontrollierbare Welten‹ fortzusetzen. Beim Süddeutschen Rundfunk in Stuttgart entstanden unter seiner Regie die Fernseharbeiten des Autors. Diese »crazy TV-inventions«, wie er sie nannte, sind tatsächlich sensationell innovativ und überschreiten die Genregrenze »Fernsehspiel« in Richtung Videokunst. Zu Recht bezeichnete Martin Esslin diese Arbeiten als »malerische, bewegte Bilder« (Esslin 1983, S. 121). Ebenfalls Medienkunstwerke sind seine Soundartstücke, die zwischen 1957 und 1976 geschriebenen fünf Originalhörspiele. Wie im Theater, setzte er auch bei Hörspiel, Film und Fernsehstück die Technik metaphorisch ein und revolutionierte die bisher gängigen Ausdrucksformen des jeweiligen Genres. Die visuellen und akustischen Medien gaben ihm außerdem das Gefühl, seine »Literatur des Unworts« (*Disjecta*, S. 54) in Richtung Bild und Musik weitertreiben zu können, und noch als Endsiebziger meinte er gegenüber der Literaturwissenschaftlerin Linda Ben-Zvi, das Fernsehen sei sein liebstes Ausdrucksmittel (Linda Ben-Zvi 1990).

»Ein Mal auf dem Schweigen« (1988-1989)

Dass sich Beckett seit den späten sechziger Jahren verstärkt den Bildmedien zuwandte, hatte eine tragische Entsprechung in seiner Krankheitsgeschichte, da er Mitte der sechziger Jahre am grauen Star erkrankte und seine Sehkraft sich zunehmend verschlechterte. Das machte nicht nur die einfachsten Alltagsverrichtungen beschwerlich oder sogar gefährlich, sondern die Angst, wie Joyce zu erblinden, bremste auch seine ohnehin prekäre Schaffenskraft. Da er nicht wollte, dass man wegen der Behinderung zu großes Aufheben machte, winkte Beckett gerne ab, wenn man ihm namhafte Spezialisten empfahl. So reagierte er auf die besorgte Anregung seines deutschen Verlegers Siegfried Unseld, einen Fachmann in der Schweiz aufzusuchen, eher abwiegelnd und meinte, seine banalen Katarakte seien einer Koryphäe nicht würdig. Stattdessen unterzog er sich zunächst mehreren Kuren, über die er dann 1967 enttäuscht schrieb: »Immer noch Behandlung meiner Augen. Blöde Tropfen, Zäpfchen und homöopathische Kügelchen. Wie ein feuchter Wickel auf einem Holzbein.« (zit. n. Knowlson 2001, S. 687) Bis 1970 schlug sich Beckett mit diesem bedrohlichen Zustand herum und entwickelte in seinem charakteristischen Humor die Redewendung: Es steht mir »bis zu den starbefallenen Augen« (zit. n. Knowlson 2001, S. 720). Doch als sich die Welt um ihn herum zusehends verdunkelte, unterzog er sich den gefürchteten Augenoperationen, die er 1970 und 1971 erfolgreich überstand.

Zeit seines Lebens war Beckett gesundheitlich anfällig, teilweise erkrankte er sogar lebensbedrohlich wie etwa 1968, als eine schlimme Wucherung in der Lunge ihn monatelang zwang, nikotin- und alkoholfrei zu bleiben. Eine harte Probe für einen, der sich für »völlig unfähig [hielt], eine geregelte Lebensweise einzuhalten« (Beckett; zit. n. Knowlson 2001, S. 701). Dennoch blieb er auf seine Art robust bis ins hohe Alter. Wie die Veröffentlichung seiner letzten Prosatexte *Immer noch nicht mehr* (1988) und *Wie soll man sagen* (1989) bezeugen, arbeitete Beckett beharrlich weiter an einer Kunst, die ein »Mal auf dem Schweigen« (Beckett; zit. n. Bair 1994, S. 799) hinterlassen oder, wie er 1937 in sein deutsches Tage-

Die Angst vor dem Erblinden

Vgl. S. 110 f.

buch notierte, »Licht in [die] Monade« bringen sollte (zit. n. Nixon 2005, S. 31). Oft war diese Arbeit mühsam, und er fragte sich dann in Postkarten an Freunde, ob er nicht besser Angestellter der Guinnessbrauerei hätte werden sollen, wie sein Vater vorgeschlagen hatte. Gleichzeitig redete er sich gut zu und kritzelte im Dezember 1984 auf eine Postkarte an seine alte Freundin Mary Manning Howe, es sei ja noch »nicht aller Tage Abend« (zit. n. Knowlson 2001, S. 871).

Ende 1988 stürzte Beckett schwer und zog in ein »Heim für alte Gauner«, wie er an Mary Manning Howe schrieb (7. Januar 1989). Dort wollte er die »vergessene Kunst des Gehens ohne zu stürzen« (ebd.) wieder erlernen. Ab und zu besuchte Beckett Suzanne in der gemeinsamen Wohnung. Im Juli 1989 starb seine Frau. Der Verlust verstörte ihn sehr, und er überlebte die Gefährtin nur um ein halbes Jahr. Am 22. Dezember 1989 starb Beckett und wurde am zweiten Weihnachtstag neben Suzanne auf dem Friedhof von Montparnasse beigesetzt. Wochenlang war die schlichte Grabplatte von Blumen und Grußbotschaften in vielen Sprachen übersät. Es schien den Besuchern zu gehen wie Becketts Schauspielerin Billie Whitelaw, der sein Tod vorkam, als sei in der Welt »ein Licht verloschen« (Whitelaw 1996).

Werk

Vom Provokateur zum Klassiker der Moderne

»*Godot* war endlich ein Stück, das mich rührte…«, so eine typische Reaktion auf Becketts *Warten auf Godot*. Als das Stück 1953 auf die Bühne kam, sprengte es jede bislang gekannte Theaterkonvention, und lange noch sollte Beckett der ›Geruch des Absurden‹ anhaften. Die Kritiker reagierten verunsichert: Betrachteten es die einen aufgeregt als Entdeckung, erschien es den anderen als reine Provokation. Beckett traf mit seinen Stücken offenbar den Nerv der Zeit. Der Existentialismus Sartres und Camus' stand noch in voller Blüte, es herrschte eine Stimmung der Revolution und des Aufbruchs. Doch auch lange nach dem Verebben dieser Strömung schrieb Beckett weiter Theatergeschichte. Er verfasste experimentelle Romane und verfiel mit seinen späten Werken der achtziger Jahre schließlich in einen hochkonzentrierten Minimalismus. Dabei probierte er sich in jedem Medium aus, sei es Radio, Fernsehen, Film, Theater oder Prosa. Heute haftet dem Klassiker der Moderne etwas Elitäres an. Seiner Popularität jedoch tut das keinen Abbruch. Obwohl längst zur Universitätslektüre geworden, füllt er noch immer die Theatersäle, und selbst das kryptische Spätwerk zieht die Fangemeinde unbeirrt in seinen Bann, wie das große Theaterfestival in Berlin im Jahr 2000 gezeigt hat. Was ließ Beckett zum Klassiker des 20. Jahrhunderts werden? Warum sprechen seine Texte das Publikum bis heute an?

Sprachzerstörung: Die frühen Romane

Dream of Fair to Middling Women (1932). Dublin: Black Cat Press, 1992
More Pricks than Kicks. London: Chatto & Windus, 1934
Murphy. London: Routledge, 1938
Watt (1943). Paris: Olympia Press, 1953

Bevor Beckett mit seinem Theaterstück *Warten auf Godot* bekannt wurde, hatte er – abgesehen von zwei dramatischen Fragmenten – ausschließlich Romane und Gedichte geschrieben. Sie alle blieben lange unbeachtet, und auch heute noch stehen Becketts Romane ganz im Schatten der Theaterstücke. Dennoch hat der Schriftsteller selber die Romane als sein Hauptwerk betrachtet. Gelang es ihm, die frühen Gedichte und die Erzählung *Assumption* bis Mitte der dreißiger Jahre vor allem in der Zeitschrift *transition* und 1936 auch in einem eigenen Gedichtband zu veröffentlichen (*Echo's Bones*), so blieben die Romane zumeist lange, der erste sogar bis nach seinem Tode unpubliziert. Für *Traum von mehr bis minder schönen Frauen* (*Dream of Fair to Middling Women*; geschrieben 1932, veröffentlicht 1993) konnte Beckett keinen Verleger finden, nicht zuletzt wegen der Zensur in Irland, die sich an den erotischen Anspielungen stieß. Beckett stellte daraufhin einzelne Episoden zu einem Erzählband zusammen, den er unter dem Titel *Mehr Prügel als Flügel* (*More Pricks than Kicks*, 1934) in London veröffentlichen konnte. Für den dritten Roman, *Murphy*, fand Beckett recht bald einen Verleger in London (geschrieben 1934-1936, veröffentlicht 1938). Der vierte Roman, *Watt*, entstand förmlich »als Therapie« zwischen 1942 und 1944 in Südfrankreich, wohin Beckett vor den Nazis geflohen war (Birkenhauer 1971, S. 70). Dieser Roman erschien erst zehn Jahre später, 1953. Nachdem die 1951 veröffentlichte Romantrilogie (*Molloy, Malone stirbt, Der Namenlose*) in literarischen Kreisen einige Aufmerksamkeit erregte, überredete der in Paris lebende englische Verleger und Herausgeber der Zeitschrift *Merlin*, Richard Seaver, Beckett zur Veröffentlichung von *Watt*.

Vgl. S. 26 f.

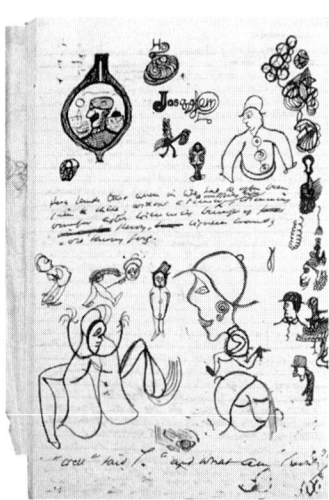

Manuskriptseite mit »doodles« (»Kritzeleien«) aus Becketts Notizbuch zu *Watt*

In diesen frühen Romanen legte Beckett die Grundlagen für sein ganzes weiteres Schaffen. Seinen ersten Roman, *Traum von mehr bis minder schönen Frauen*, bezeichnete er später einmal als eine »Truhe«, »in die ich meine wilden Gedanken warf« (*Traum*, Klappentext). In der Tat liefert das Frühwerk »einen einzigartigen Einblick in das Zustandekommen jener änigmatischen Figuren seines Spätwerks« (Kesting 1975, S. 28).

Traum von mehr bis minder schönen Frauen, vgl. S. 33

Werk

Typisch für Becketts frühe Romane ist dabei die Handlungs-struktur der Reise. Der Held des Romans, Belacqua, folgt sei-ner Freundin Smeraldina-Rima nach Deutschland. Allerdings sucht er eine platonische Beziehung zu ihr und leugnet seine sexuellen Wünsche. Smeraldina dagegen verfolgt massiv ihre erotischen Interessen. Als sie schließlich handgreiflich wird, flieht Belacqua und fährt zurück nach Irland, um dort mit der ehemaligen Prostituierten Alba eine unkörperliche Freund-schaft zu führen.

Ähnlich verkriecht sich Murphy vor seiner Geliebten Celia in einem Zimmer in London. Als Celia ein bürgerliches Leben mit ihm führen will und er sich Arbeit sucht, führt ihn die Jobsuche in das Mental Magdalen Mercyseat, eine Irrenan-stalt. Hier fühlt er sich, abgeschottet von der Welt, zu Hause, bis er bei einer Gasexplosion ums Leben kommt. Seine Asche wird jedoch nicht, wie von ihm gewünscht, während einer Vorstellung in der Toilette des Abbey Theatres in Dublin hinuntergespült, sondern in einer Kneipe verstreut und am nächsten Tag zusammen mit dem Schmutz weggefegt. Mur-phys werkgeschichtlicher Nachfolger Watt begibt sich in Mr. Knotts Dienste, um bei diesem Wissen über sich und seine Umgebung zu erlangen. Doch Mr. Knotts Anwesen und Sein lassen sich mittels Worten nicht beschreiben und auch nicht logisch definieren. Die Sprache erweist sich hier als unfähig, die Wirklichkeit zu erfassen. Im dritten Kapitel befindet sich Watt in den Parks einer geschlossenen Anstalt, trifft auf den Erzähler des Romans, Sam, und verlässt Mr. Knott nach ge-wisser Zeit wieder.

Alle Protagonisten sind eigenbrötlerische Kauze mit Möwen-augen, kaputten Füßen und einem eigentümlichen Gang. Sie kommen mit der Welt nicht zurecht, werden von ihren Mit-menschen missachtet oder behandelt wie ein unbelebtes Ding. Schließlich ziehen sie sich, jeder auf seine Weise, vor der ›großen‹ zurück in ihre ›kleine Welt‹ des Zimmers, des Schaukelstuhls oder des Betts. Gleichzeitig aber verlangt es sie nach den anderen Menschen, denn sie wünschen sich Zunei-gung, Wärme und Anerkennung: »Der Teil von ihm [Mur-phy], den er haßte, flehte nach Celia, und der Teil, den er

Murphy,
vgl. S. 35 u. 49

Watt, vgl. S. 44

Anti-Helden

liebte, zuckte zusammen, wenn er nur an sie dachte.« (W 2, S. 11) So sind sie zerrissen, dem Zwiespalt von Verlangen und Rückzug ausgesetzt. In ihren Zimmern, fernab von den anderen, versuchen sie daher, den Zwiespalt zu überwinden und ein Leben in geistiger Freiheit zu erlangen: »[Murphy] brachte den Stuhl zum Schaukeln. Allmählich fühlte er sich besser, geistig rege, in der Freiheit eines Lichts und einer Dunkelheit, die nicht miteinander stritten.« (W 2, S. 12) Befreit zu sein vom Verlangen nach Anerkennung und sexueller Befriedigung ist für Murphy wie auch die anderen Helden die Erlösung, nach der sie streben.

> »[Es] dringt [sic] sich die Einsicht auf, daß das Leben ein Geschäft ist, dessen Ertrag bei Weitem die Kosten nicht deckt.« (Arthur Schopenhauer, *Die Welt als Wille und Vorstellung*, S. 414)

Dante Das Vorbild für diesen Idealzustand entnahm Beckett der Weltliteratur. In Dantes *Divina Commedia* (1320) befindet sich der Florentiner Lautenspieler Belacqua wegen der Sünde der Trägheit im Purgatorium. Hier hockt nun der Fehlgegangene in embryonaler Stellung an einen Felsen gelehnt. Beckett war von diesem literarischen Bild fasziniert, allerdings unter umgekehrten Vorzeichen. Die Trägheit erscheint ihm als Leugnung der Welt eine erstrebenswerte Haltung. Die embryonale Position verbildlicht die Abkehr von der Welt und den Bezug ausschließlich auf sich selbst. Das Purgatorium stellt zudem einen Zwischenbereich im Dämmerlicht zwischen Hölle und Paradies dar, also einen Raum, in dem für Beckett aller Zwiespalt aufgehoben ist. Dementsprechend trägt der Protagonist der beiden ersten Romane den Namen »Belacqua«. Dieser Belacqua ist die »Schlüsselfigur der späteren Protagonisten« (Kesting 1975, S. 28 f.). Doch weder Belacqua, Murphy noch Watt ist an ihren Rückzugsorten Ruhe vergönnt, denn die anderen dringen bald in ihre Räumlichkeiten ein. Per Telefonklingeln, Briefpost oder Gespräch drängen sie sich ihnen auf und fordern ihre Rückkehr in die Außenwelt. Erneut dem Konflikt mit den anderen ausgesetzt, überkommt Belacqua in *Traum von mehr oder minder schönen Frauen* der Wunsch, hinauszulaufen und sich in den Schnee zu legen, sich also einer Welt voll Starrheit und Stille zu überantworten. In *Mehr Prügel als Flügel* endet er im OP eines Krankenhauses, wo er wegen der unterlassenen Abhörung seines Innenlebens und durch falsche Anästhesie zu Tode kommt. Murphy und Watt landen in einer geschlossenen Anstalt. Murphy kommt hier bei einer Gasexplosion ums Leben. In allen Fällen erfolgt letztlich eine materielle, körperliche Auflösung der Protagonisten. Nur Watt bleibt am Leben und setzt seinen Weg fort. Aber auch er kauft sich am Bahnhof eine Fahrkarte »[b]is ans Ende der Strecke« (W 2, S. 463). Bedingt durch ihre Ambivalenz zu Umwelt und Mitmenschen sind die Protagonisten also ständig unterwegs, und ihre Reisen bestimmen den Plot. Motor der Bewegung ist dabei der Zwiespalt der Protagonisten, ihr Konflikt mit den anderen und ihr Verlangen nach Selbstauflösung.

Eine große Bedeutung kommt, gerade auch im Hinblick auf die späteren Werke, der Figur des Erzählers zu. Der Erzähler dieser frühen Texte beobachtet und verfolgt das Tun seiner Hauptfigur, kommentiert es, und das meistens voller Hohn und Spott. Er kritisiert die Strategien, durch die die Protagonisten versuchen, mit der Welt und den anderen Menschen fertig zu werden, ihre Lebensbestrebungen, Hoffnungen und den Glauben an ein Leben im Geist. Der Erzähler entlarvt sie als trügerische Selbstbilder und zeigt, dass die Protagonisten in ihren Selbstentwürfen gefangen sind. Indem er die Unsinnigkeit der Bemühungen seiner Helden bloßstellt, wird er zur Antithese der Protagonisten. Streben und Negierung des Strebens stehen sich unversöhnlich gegenüber. Diese Kräfte des Aufflammens und Abtötens von Leben bestimmen die Beckett'schen Werke bis zum Schluss.

Neben den thematischen und strukturellen Grundlagen für das weitere Schaffen beginnt Beckett in dieser Phase auch die ihm eigene Bildersprache zu entwickeln. Grundsätzlich strebt er eine Metaphorik an, die wörtlich genommen werden kann, »Hieroglyphen«, wie er es nennt (*Dante*, S. 17; vgl. Brockmeier 2001, S. 19-25). Mit seiner spezifischen Bilderwelt zielt er auf die Konkretisierung von Bewusstseinsvorgängen ab. So dient die geschlossene Anstalt als der Bereich, in den sich die Protagonisten vor den anderen für ihr »Leben im Geist« zurückziehen. Bezeichnenderweise liegt die Anstalt auf der

Erzählerfigur

Selbstbetrug der Helden

Vgl. *Endspiel*, S. 87 ff., u. *Der Verwaiser*, S. 108 f.

»Grenze zweier Grafschaften« (W 2, S. 116), das heißt, es ist fraglich, inwieweit Murphy seinen Einbildungen und Selbstbildern folgt oder der Realität verhaftet bleibt. Sein Zimmer in der Anstalt und sein bevorzugter Aufenthaltsort, die Gummizelle, spiegeln seinen Zwiespalt wider. Wohl sind sie von der Außenwelt abgeschlossene Räume, doch das Zimmer hat ein Dachfensterchen und die Gummizelle ein Guckloch, die den Kontakt zur Außenwelt garantieren und sowohl das Verlangen nach den anderen als auch deren Überwachung verkörpern.

Wenn die Protagonisten zu Asche, Dreck und Müll werden, ist es die versinnbildlichte Negation durch den Erzähler. So wie er seine Figuren als Abfall klassifiziert, will er sie mitsamt all ihren Lebensbestrebungen und trügerischen Selbstbildern im Wortsinn abschaffen. Dieses Motiv taucht mit den Mülltonnen im *Endspiel* später wieder auf.

Erscheinen die späteren Theaterstücke und Prosa abstrakt und rätselhaft, sind die frühen Werke Becketts von seiner Auseinandersetzung mit der Tradition des naturalistisch-realistischen Schreibens des 19. Jahrhunderts geprägt. Noch sind in den frühen Romanen logisch motivierte Handlungsabläufe und psychologisch gestaltete Figuren erkennbar. Doch bereits unter dem Einfluss von James Joyce, den er 1928 kennen lernte, ist die Schreibweise sprunghaft, stark assoziativ und greift zahlreiche Bezüge zur Weltliteratur auf. In der Auseinandersetzung mit Honoré de Balzac (1799-1850) kritisiert der junge Beckett, dass der Meister des Realismus sich als Herr über sein Material geriere. »Balzac lesen heißt, den Eindruck einer chloroformierten Welt empfangen. Er ist absolut Herr seines Materials, er kann damit machen, was er will, er kann den geringsten Wechselfall voraussehen und berechnen, er kann das Ende seines Buchs schreiben, bevor er den ersten Abschnitt beendet hat, weil er alle seine Kreaturen in Holzkopfautomaten verwandelt hat und sich darauf verlassen kann, dass sie gleichbleibend stillstehn, wo sie gebraucht werden, oder gleichbleibend losgehn, wie schnell auch und wohin auch er es bestimmt« (*Traum*, S. 159). Tatsächlich aber seien die Welt und die menschlichen Beziehungen chaotisch.

Frühe Kunsttheorie

Werk

Beckett bevölkert daher seine frühen Romane mit zahlreichen Figuren und komplizierten Nebenhandlungen und stattet – im Gegensatz zu Balzac – seine Figuren mit einem ausgeprägten Eigenleben gegenüber dem Erzähler aus.

> »Beckett ist der Erbe von Joyce wie Joyce der Erbe Flauberts ist, wobei jeder der beiden Iren einen neuen Anfang in der Sackgasse sah, in die sein Vorgänger die Form des Romans gebracht zu haben schien. [...] Er ist der Komödiant der Sackgasse wie Joyce der des Inventars und Flaubert der der Enzyklopädie.« (Hugh Kenner, *Samuel Beckett. Komödiant der Sackgasse*, S. 36 f.)

Die pubertär gestörten Protagonisten, ihre überwältigend geschlechtsfreudigen Freundinnen, die moralfordernden Familien und die nervenden Freunde und Studienkollegen suchen sich, ihrem Lebenstrieben folgend, selbst zu verwirklichen. Dabei geraten sie miteinander in Konflikt. Dieses Konzept führt in *Murphy* zu einer regelrechten Verfolgungsjagd, deren Objekt, Murphy, letztlich in der Irrenanstalt verschwindet, ohne sich zu verabschieden. Die Figuren lassen sich nicht zu einem harmonischen Ganzen zusammenbringen, sondern streben ihrem Lebenstrieb folgend auseinander. Sie reden, lieben, suchen aneinander vorbei, und so entsteht ein chaotisches Geflecht von Beziehungen, das unbegreiflich ist und das auch der Erzähler nicht mehr ordnen und kontrollieren kann. Beckett greift dabei auch auf eine Überzeugung zurück, die er bei Arthur Schopenhauer vorfand: »Jeder Blick auf die Welt [...] bestätigt und bezeugt, daß WILLE ZUM LEBEN [...] der allein wahre Ausdruck ihres innersten Wesens ist. Alles drängt und treibt zum DASEYN.« – »Und diese Welt [ist ein] Tummelplatz gequälter und geängstigter Wesen, welche nur dadurch bestehen, daß eines das andere verzehrt, wo daher jedes reißende Thier das lebendige Grab tausend anderer und seine Selbsterhaltung eine Kette von Martertoden ist ...« (Schopenhauer 1988, S. 410 u. 675) Schopenhauer war der einflussreichste Philosoph für Becketts Werk: »Ich wußte immer schon, daß er einer von denen ist, die mir am meisten bedeu-

Schopenhauer

ten, und es ist eine Freude […], einen Philosophen zu finden, den man lesen kann wie einen Dichter.« (zit. n. Knowlson 2001, S. 345) Für Schopenhauer objektiviert sich im Geschlechtstrieb und in jeglichem Verlangen der Wille gemäß dem Individuationsprinzip (Schopenhauer 1988, S. 660). Individuation bedeutet zwangsläufig Entzweiung, wie dies auch an Becketts Figuren deutlich wird. Der Beckett'sche Protagonist sträubt sich gegen eine Individualisierung im Schopenhauer'schen Sinn. Er sucht ein Sein, das frei ist von Begriffen und Entzweiung, wo es weder Verlangen noch Abwehr, weder ihn noch die anderen gibt. Dieser Zustand ist aber undenkbar und unaussprechlich.

In seinen frühen Romanen arbeitet sich Beckett an den konventionellen Formen des Romans und der logisch-begrifflichen Sprache ab und schlägt neue Wege in Richtung eines metaphorischen Schreibens ein, das sowohl in der Prosa als auch im Theater neue Maßstäbe setzen wird.

Selbstbetrachtungen: Erzählungen und Trilogie

1946 setzte Becketts schaffensreichste Phase ein. Bis 1949 schrieb er die Erzählung *Erste Liebe* (*Premier Amour*), drei *Novellen* (*Nouvelles*), das Theaterstück *Eleutheria*, den Roman *Mercier und Camier* (*Mercier et Camier*) und die Trilogie *Molloy, Malone stirbt, Der Namenlose* (*Molloy, Malone meurt, L'innommable*). In dieser Zeit gelangte er zu der für ihn typischen Bildersprache, die auch seine Theaterstücke prägt. Und er

wechselte ins Französische, um sich »ärmer zu machen« (Janvier 1969, S. 18), so wie auch seine Texte dieser Zeit von Verarmung und Reduktion handeln. Wie die Protagonisten im Frühwerk sitzen die Erzähler der Novellen und der Romantrilogie nun selbst zurückgezogen in einem Zimmer oder Bett, reflektieren ihre gegenwärtige Lage oder ru-

Beckett für 500 Dollar: »BECKETT, Samuel, Malone meurt (Paris): Les Editions de Minuit, (1951). Small octavo, original wrappers, glassine, a nearly fine copy; $500«. Internetangebot, Januar 2006

fen sich Erinnerungen aus ihrem Leben unter den anderen Menschen ins Gedächtnis. Die Darstellung erfolgt also rein subjektiv. Becketts Anspruch, mit seiner Literatur nicht die äußere Realität, sondern Bewusstseinsinhalte, also Innenleben, darstellen zu wollen, setzt er mit der neuen Erzählsituation unmittelbar in Szene.

Novellen und *Mercier und Camier*

Nouvelles et textes pour rien. Paris: Editions de Minuit, 1955
Mercier et Camier (1946). Paris: Editions de Minuit, 1970

Die Geschichten der Erzähler in den *Novellen* und *Mercier und Camier* handeln ähnlich wie die frühen Romane von Protagonisten, die sich vor anderen Menschen zurückziehen oder aber aus ihrer Gemeinschaft ausgestoßen werden. In den *Novellen* gewährt der Misthaufen letztlich mehr Wärme als die menschliche Gesellschaft. Die ziellosen Reisen führen die Protagonisten weg von der Gesellschaft, aus der Stadt hinaus aufs Land oder aufs weite Meer. Unterwegs verlieren sie ihr Hab und Gut: den Mantel, den Regenschirm, das Tagebuch. Doch je mehr sie verlieren, was sie als gesellschaftliche Wesen auszeichnete, umso mehr kommen sie zu sich, denn umso weniger sind sie ›fremdbestückt‹. Hier entwickelt sich Becketts Figur des Außenseiters, des abgerissenen Penners. Im Roman *Mercier und Camier* kommt zum bisherigen Bilderrepertoire zum ersten Mal das Figurenpaar hinzu. Der bisherige Protagonist ist nun aufgespalten in ein »Pseudopaar« (W 3, S. 404), das die gegensätzlichen Kräfte verkörpert, die im Frühwerk den Zwiespalt des Protagonisten ausmachten. So neigt Camier stets zur Rückkehr zu den anderen Menschen in die Stadt, während Mercier die Stille, den Schlaf und das Nichts auf dem Lande sucht. Beckett hat diesen Roman 1946 zwischen den Novellen geschrieben. Es ist der erste auf Französisch. Er hat ihn als ein Lehrlingsstück betrachtet und seine Veröffentlichung 1970 nur ungern gesehen. Dennoch ist er werkgeschichtlich von Interesse, da er motivisch eine Vorarbeit zu *Warten auf Godot* (geschrieben 1948) darstellt.

Marginalien:

Werk

Motive:
Obdachlose und
Figurenpaare

Zwiespalt,
vgl. S. 69 f.

Molloy

Molloy. Paris: Editions de Minuit, 1951

Den Höhepunkt dieser Phase ungebremster »Schreibmanie«
(zit. n. Knowlson 2001, S. 451) stellt die Romantrilogie dar, die

Vgl. S. 47 u. 51 f. Beckett in nur zweieinhalb Jahren zu Papier gebracht hat.
Hier kommt die bis dahin entwickelte Bilderwelt als »Seelen-
landschaft« voll zum Tragen. Das erste Buch, *Molloy*, besteht
aus zwei Teilen. Wie beim Figurenpaar stellen die beiden Teile
zwei Seiten einer Figur dar: eine der Gesellschaft zugewandte,
äußere Erscheinung, Moran, und eine im Inneren verborgene
Figur, Molloy. Molloy begibt sich im ersten Teil des Romans

Mutter, auf die Suche nach seiner Mutter, um sein Verhältnis mit ihr
vgl. S. 14 f. endlich abzuklären. Allerdings hat er ihre Adresse vergessen.
Er verlässt auf seiner Suche nach ihr, ohne es zu bemerken, die
Stadt und entfernt sich immer weiter von der Stelle, wo sie
wohnen könnte, bis ihm sein Ziel gänzlich abhanden kommt
und er schließlich an einem Waldrand liegen bleibt. Jedoch
hat er auf seiner Reise verschiedene Begegnungen, die mit
Mütterlichkeit verbunden sind. Er erinnert sich zunächst an
einen Besuch bei ihr. Die Mutter ist blind und taub, und Molloy gibt ihr Schläge auf den Kopf, um sich bemerkbar zu machen. Ihre Kommunikation ist massiv gestört. Auf seiner

>»Nothing more than the fact of my presence [at home] is re-
>quired to exasperate my mother in the end [...] so that she can
>scarcely keep her hands off me. Because I don't [...] prove my-
>self useful in any terms they recognize, [...] they cannot help
>feeling that I am somehow behaving very badly. [...] There has
>been no son and there shall be none, [...] and I will have no
>choice but to go away again.« (Samuel Beckett in einem Brief
>an Thomas MacGreevy vom 21. November 1932; zit. n. Veit
>2002, S. 101)

Reise überfährt Molloy mit dem Rad einen kleinen Hund.
Die Besitzerin, Lousse, nimmt Molloy an des Hundes statt
mit zu sich. Da ihr der Hund wie ein Kind war, wird Molloy
förmlich zu ihrem Schoßhund und Kind. Sie wäscht ihn,
nimmt ihm alle Kleider weg und zieht ihm stattdessen ihr ei-

genes Nachthemd über. Sie beraubt ihn seiner Identität und
stülpt ihm ihre über. Mit eindringlicher Stimme redet sie auf
ihn ein und überredet ihn zu bleiben, obwohl er diesen Ort
verlassen will. Endlich reißt Molloy sich los. Sein Weg führt
ihn bis in einen Wald, wo er, reduziert auf ein Kriechwesen im
Schlamm, über seine inneren Stimmen, die widersprüchlichen ›Imperative‹ reflektiert. Findet Molloy seine Mutter
auch nicht als reale Person, so stellen die Stationen seiner
Reise doch die ideellen Eigenschaften dar, die die Mutter für
ihn ausmachen.

Der zweite Teil des Romans schildert die Suche Morans nach
Molloy. Moran führt ein bürgerliches Leben, hat einen Sohn
und ist von Beruf Detektiv. Eines Tages erhält er von seinem
mysteriösen Chef Youdi per Boten den Auftrag, Molloy zu
finden. Vor dem Abendessen schlüpft Moran noch ins Bett,
um im Dunkeln in Ruhe nachdenken zu können. In der
Wärme, fernab der Welt, fühlt er die Vorstellung von Molloy
in seinem Inneren aufsteigen. In der Nacht begibt er sich mit
seinem Sohn auf die Reise. Wie Molloy aber der leibhaftigen
Mutter nicht begegnet, so findet auch Moran keinen realen
Molloy. Allerdings verliert er auf seiner Reise nach und nach
seine Ausrüstung, sein Fahrrad, seinen Sohn, auch er gelangt
in einen Wald, ihm versagen die Beine, bis er schließlich am
Boden kriecht. Er wird förmlich identisch mit Molloy. Moran
kehrt jedoch von seiner Reise zurück und hat, wie sich zeigt,
eine Veränderung erfahren. Fortan gehorcht er nicht mehr
den gesellschaftlichen Normen, sondern hört auf seine innere
Stimme. Beckett parodiert mit diesem Roman die Gattung
des Detektivromans (Fletcher 1976, S. 107) und hat die Suche
nach dem Selbst voll skurriler Ironie wörtlich genommen.

Malone stirbt

Malone meurt. Paris: Editions de Minuit, 1951

Geht es im ersten Roman der Trilogie mit der Suche nach
Molloy und der Mutter um die Frage, wodurch das eigene
Handeln motiviert wird, rekapituliert der Protagonist des Fol-
geromans *Malone stirbt* sein Leben. Malone liegt in seinem
Zimmer im Bett und macht sich an eine »Art Inventur« (W 3,

S. 249). Dazu stochert er vom Bett aus mit einem Stock in seinen Sachen und erzählt Geschichten: »Ich will nur ein letztes
Mal versuchen zu verstehen, beginnen zu verstehen, wie solche Wesen möglich sind.« (W 3, S. 273) Er berichtet vom ju-
gendlichen Saposcat und dem alternden Macmann. Beide leiden unter der Grausamkeit der Menschen. Saposcat verwirrt
die Widersprüchlichkeit der Gespräche seiner Eltern und der
Nachbarn sowie der Eigennutz ihres Handelns, während sich
Macmann im Krankenzimmer einer geschlossenen Anstalt
wiederfindet, einer Örtlichkeit, die aus *Murphy, Watt* und
Molloy bekannt ist. Auch hier gibt es einen großen, mit einer
Mauer umgebenen, parkähnlichen Garten. Noch nicht ganz
bei Bewusstsein, wird Macmann über die Rechte und Pflich-
ten der Hausordnung informiert. Später, als er seine Wünsche
äußert oder eine Blume aus dem Beet reißt, weil sie ihn er-
freut, wird er bestraft und geschlagen. Tatsächlich erweist sich
diese Einrichtung der Barmherzigkeit als ein Mikrokosmos
autoritärer Willkür, dessen Regeln ihm unbegreiflich bleiben.
Schließlich fühlt er sich schuldig, ohne zu wissen, warum,
und kommt zu dem Schluss, dass seine Schuld in der Tatsache
liegen müsse, geboren zu sein. Zwischen Macmann und seiner Wärterin Moll entspinnt sich eine kurze Liebesgeschichte.

> »Es ist aber in der That höchst wunderbar, daß es ein weder
> physisch schmerzliches, noch auch konventionelles, dennoch
> sogleich ansprechendes und unverkennbares Zeichen des
> Schmerzes giebt: das Moll. Daran läßt sich ermessen, wie tief
> die Musik im Wesen der Dinge und des Menschen gegründet
> ist.« (Arthur Schopenhauer, *Die Welt als Wille und Vorstellung*,
> S. 532)

Auch Moll ist alt, krank und hässlich, an ihren Ohren bau-
meln Kreuze mit den beiden Schächern, und in ihren Vorder-
zahn ist der Erlöser eingefräst. Sie ist das personifizierte Leiden. Als Moll stirbt, tritt Lemuel an ihre Stelle. Ihm ist im Leben übel mitgespielt worden, und so ist auch er jetzt extrem
grausam. Bei einem Bootsausflug der Anstaltsinsassen er-
schlägt er mit einem Handbeil schließlich die autoritäre, auf-

dringlich philanthropische Aufseherin Madame Pédale und andere Wärter, lädt die Insassen ins Boot und fährt mit ihnen aufs offene Meer hinaus. Mit diesem Mord entledigt sich Lemuel der sogenannten Nächstenliebe der Menschen.

All diesen Grausamkeiten und Leiden stehen die beiden Protagonisten in Malones Geschichten verständnislos gegenüber. Den Menschen mangelt es an der Fähigkeit, ihr Gegenüber mit all seinen Bedürfnissen wahrzunehmen. Sie reden und handeln aneinander vorbei, verfehlen und verletzen einander. Ihre Worte widersprechen ihrem Handeln. Diese Widersprüche treiben Saposcat und Macmann fast in den Wahnsinn. Zugleich scheint Malone selbst darunter zu leiden. Wenn dann der Erzähler Malone zum Schluss seine Figur Lemuel die Wärter umbringen lässt, so ist dies bereits eine Art »Endspiel«, denn auf diese Weise wird das Leben mit all seinen Grausamkeiten, Wirrsalen und Leiden selbst abgeschafft. Besonders in diesem Roman kommt Becketts pessimistisches – oder realistisches? – Weltbild zum Tragen, in dem er sich vor allem durch Schopenhauer bestätigt sieht. Leben ist Leiden, der Tod ist eine Erlösung, und so wandern und fahren die Beckett'schen Figuren in den Tod, die Leere oder das weite Nichts des Meeres.

Der Namenlose

L'Innommable. Paris: Editions de Minuit, 1953

Im letzten Roman der Trilogie, *Der Namenlose*, ist der Ich-Erzähler auf ein körperloses, sprechendes Bewusstsein reduziert. Es gibt kein Zimmer mehr, sondern nur noch die Finsternis »unter der Schädeldecke«, wie es im Spätwerk heißen wird. Hier plappert die Stimme vor sich hin. Das Erzähler-Bewusstsein will von sich erzählen, es ist vom Wunsch getrieben, zu verstehen, wer ihm die Wunden geschlagen hat, um dann schweigen zu können. Im Dunkel taucht Malone wieder auf; Murphy und die Figuren der vorangehenden Romane sind gleichfalls da. Die Kreaturen dieses namen- und körperlosen Erzählers sind seine »Delegierten« (W 3, S. 405) bei den Menschen oben im Leben und im Licht. Als sie spricht er von sich. Mahood erzählt dem Ich-Erzähler von seiner Rückkehr zur

Schädelwelten, vgl. S. 98 u. 108

Familie. Einbeinig und mit Krücken kommt er in einen von hohen Mauern umgebenen Hof. In dessen Mitte befindet sich eine Rotunde, in der sich seine ganze Familie aufhält. Sie beobachtet ihn durch Schießscharten, überwacht ihn nachts mit Scheinwerfern und spricht über ihn: Trotz allem sei er ein schönes Baby gewesen, und eines Tages werde er in ihre Mitte zurückkehren. Es geht um die Beziehung des namenlosen Ichs zu seiner Familie, die in dieser Szene ihren konkreten, bildlichen Ausdruck findet. Später ist Mahood verstümmelt, ein bloßer Rumpf, bis zum Hals in einem Krug steckend, der vor einer Garküche auf der Straße als Reklameschild steht. Die Besitzerin der Garküche hat ihn dort aufgestellt, um Gäste anzulocken. Sie wechselt sein Sägemehl und versieht ihn bei Schnee mit einer Plane. Als er aber seine Spielchen treibt und im Krug abtaucht, betoniert sie ihn mit einer Halskrause im Krug ein. Entgegen Mahoods Hoffnung will sie nicht Nächstenliebe spenden, sondern verfolgt ihre eigenen Interessen.

Verkehrt die Figur des Mahood unter den Menschen, so ist Worm das ganze Gegenteil. Er befindet sich in der Mitte eines Zylinders, an dessen Außenseite die anderen entlanggehen. Sie gucken durch ein Loch, belauern ihn und warten, dass er eine Lebensregung zeigt. Dann hätten sie einen Anhaltspunkt, ihn zu benennen und zu einem der ihren zu machen. Sie versuchen, ihn zu locken – wie Lousse Molloy –, sie haben auf alles eine Antwort. Worm ist im Zylinder dem Reden der anderen ausgesetzt. Sein charakteristisches Organ ist das Ohr: »Ihm ist ein Kopf entsprossen, vom Ohr aus, damit er leichter rasend werden kann« (W3, S. 485). Worm ist damit, wie der Name schon sagt, die Verkörperung des Wunsches, ungeboren zu bleiben, unbeeinflusst von den anderen, genuin er selbst. Die Situation im Zylinder, umringt von den besitzergreifenden ›Anderen‹, verdeutlicht allerdings sein Scheitern und sein Leiden daran.

Die Erkenntnis dieses Romans ist folglich: »All das, worüber ich spreche, womit ich spreche, ich habe es von ihnen. […] Mir eine Sprache eingetrichtert zu haben, von der sie sich einbilden, daß ich mich ihrer nie bedienen könnte, ohne mich zu ihrer Sippschaft zu bekennen, ein feiner Trick« (W 3, S. 442). Er empfindet sich als eine bloße, hauchdünne Scheidewand zwischen innen und außen, auf der einen Seite das Schädelinnere, auf der anderen die Welt, er selbst ist weder das eine noch das andere. Die in der Trilogie vollzogene Suche nach dem eigentlichen Selbst führt zu der Erkenntnis, dass es dieses Selbst für den Beckett'schen Erzähler nicht gibt. Das Bewusstsein der Figuren besteht aus Fremdinhalten, den Worten und Vorstellungen der anderen. Damit widerspricht Beckett der seit Descartes gültigen Vorstellung vom selbstbestimmten, seiner selbst bewussten, vernunftbegabten Menschen. Nicht zuletzt Kants Bewertung der Vernunft als die höchste aller Fähigkeiten, entfaltete eine bis in die Gegenwart reichende Wirkungsgeschichte. Doch begannen etwa Schopenhauer, Nietzsche oder Freud im 19. Jahrhundert die Unantastbarkeit der Vernunft in Frage zu stellen. Nach dem Ersten und stärker noch durch die Erfahrung des Zweiten Weltkriegs begann man, den Menschen als determiniert durch sein Unbewusstes und die Prägung durch die Umwelt zu begreifen. Der Mensch erschien nun als ein Wesen ohne die Möglichkeit zum Selbstbewusstsein, ohne einende Werte oder Autonomie, ein zersprengtes Ich, ohne apriorischen Wesenskern. Mitte des 20. Jahrhunderts traf Beckett mit seinen Romanen den Nerv der Zeit.

Gescheiterte Suche nach dem Selbst

Texte um Nichts

Textes pour rien. In: *Nouvelles et textes pour rien.* Paris: Editions de Minuit, 1955

Für Beckett hatte die Entdeckung des gänzlich fremdbestimmten Ichs zur Folge, dass er keine brauchbare, stringente Figurenkonzeption mehr hatte. Bis 1954 unterlag er einer ausgesprochenen Schaffenskrise. Er schrieb einige kurze Texte, in denen er versuchte, von der Sprache her einen Weg aus der Sackgasse zu finden. In diesen *Texten um Nichts* leistet sich ein Erzähler selbst Gesellschaft, indem er sich Geschichten erzählt. Während er alleine unten in einem undefinierten Dunkel ist, imaginiert er sich selbst in seinen Geschichten bei den anderen Menschen »oben« und im Licht. Er sieht sich

»I am very tired and stupid, more and more so in spite of my often resting in the country, and I feel more and more that I shall perhaps never be able to write anything else. Niemand wandelt unbestraft on the way that leads to *L'innommable*. I can't go and I can't get back. Perhaps another play some day.« (Samuel Beckett in einem Brief an Thomas MacGreevy vom 14. Dezember 1953; zit. n. Veit 2002, S. 137)

in einem Hochmoor über der Stadt mit dem Gesicht im Schlamm, erzählt von den anderen und ihren vergeblichen Hoffnungen, sieht sich mit hängendem Kopf in einem Wartehäuschen sitzen, mit einer Fahrkarte »auf Lebenszeit«, an einem stillgelegten Bahngleis, auf einen Zug wartend, der nie ankommen und nie abfahren wird. Er hört die Stimme, die aus ihm spricht. In einem der Texte erschafft er seinen Körper und sich überhaupt erst beim Sprechen. Beckett versucht damit, einen sich selbst fremden Ich-Erzähler zu schaffen, der nur noch der Außenbeobachter seiner selbst ist, da er ja mit dem *Namenlosen* zu der Erkenntnis gelangt ist, dass es ein Selbst nicht gibt. Er hält seinen Versuch jedoch für gescheitert: »The very last thing I wrote – *Textes pour rien* – was an attempt to get out of the attitude of disintegration, but it failed.« (zit. n. Shenker 1956, S. 3) Ein neues tragendes Konzept für sein weiteres Schreiben bekam Beckett erst durch seine Experimente im Theater.

Kleine Welten: Große Theaterstücke

Mit seinen Theaterstücken ist Beckett berühmt geworden, obwohl er selbst sie als ein »Seitenprodukt« seines Schaffens betrachtet hat. In der Tat hat er *Warten auf Godot* 1948 zwischen *Malone stirbt* und *Der Namenlose* zur »Erholung« von den Romanen geschrieben. Allerdings hatte sich Beckett schon früher in dieser Gattung versucht: mit dem Fragment gebliebenen *Human Wishes* zum (Liebes-)Leben des englischen Schriftstellers Dr. Samuel Johnson und mit *Eleutheria*, das erst 1995 posthum und gegen seinen ausdrücklichen Willen veröffentlicht wurde. Zunächst hatte er es zusammen mit

Godot dem Regisseur Roger Blin angeboten, der sich für Letzteres entschied, weil *Godot* weniger Personal benötigte. Zwar sollte es dann noch über zwei Jahre dauern, bis das Stück im kleinen Théâtre de Babylone auf die Bühne gebracht wurde, doch dann war *Godot* bereits innerhalb weniger Wochen nach der Uraufführung *das* kontroverse Gesprächsthema der Pariser Theaterwelt. Schon ein Dreivierteljahr nach der Uraufführung wurde es am 8. September 1953 im Schlossparktheater in Berlin gespielt.

Warten auf Godot

En attendant Godot. Paris: Editions de Minuit, 1952

Mit *Godot* brachte Beckett in den fünfziger Jahren Unerhörtes auf die Bühne: ein Stück ohne Handlung, Penner als Helden, Dialoge, die nirgendwohin führen, die Kulisse eine leere Landstraße und ein kahler Baum – der pure Hohn! Doch mit der Kenntnis der Romane wird deutlich, dass der Autor seine bisher entwickelte Bildersprache lediglich materiell und leibhaftig auf der Bühne realisierte. Auch Mercier, Camier, der Protagonist der *Novellen*, Molloy und Moran verließen die Stadt und zogen hinaus aufs Land. Unterwegs verloren sie die Insignien ihrer gesellschaftlichen Identität. Und so sehen wir auch das Pseudopaar Wladimir und Estragon von den anderen Menschen geschlagen, getreten und ausgestoßen, ihr bürgerliches Dasein ist Vergangenheit, ihr Leben ist voller Leiden: »Hand in Hand hätten wir uns vom Eiffelturm runtergestürzt, mit den ersten. Da sahen wir noch anständig aus. Jetzt ist es zu spät. Die würden uns nicht einmal rauflassen.« (W 1, S. 10)

Wladimir und Estragon warten auf Godot. Estragons erste Handlung besteht im Versuch, den Schuh, der ihn drückt, auszuziehen, was ihm nur unter Schwierigkeiten gelingt. Statt seinem Kumpel zu helfen, steht Wladimir daneben und philosophiert. Zwischendurch nimmt er seinen Hut ab, schaut hinein, untersucht ihn, setzt ihn wieder auf. Parallel dazu untersucht Estragon seinen Schuh. Wladimir ist damit das Denken, Estragon das Gehen zugeordnet. Dementsprechend wartet Wladimir mit allen möglichen Reminiszenzen an Bil-

Vgl. S. 52 ff. u. 58 f.

Beckett und
Alberto Giaco-
metti vor dem
vom Künstler
entworfenen
Godot-Baum,
1961

dungsgut auf und stellt ständig neue Fragen, während Estragon nichts weiß oder wissen will. Wladimir ist die extrovertierte, nach (intellektuellem) Leben verlangende Kraft, Estragon dagegen die introvertierte, die es zum Schweigen, zum Nichts drängt. Er schlägt wiederholt vor, fortzugehen, er erinnert sich an nichts mehr und möchte einfach nur seine Ruhe haben und schlafen.

Wladimir erzählt gleich zu Beginn des Stücks die Geschichte der beiden Schächer, die mit Jesus gekreuzigt wurden. Wäh-

Zwiespalt,
vgl. S.70 u. 75

Vgl. S.59

Werk

rend der eine Jesus verhöhnte und deswegen verdammt wurde, zeigte sich der andere reuig und wurde erlöst. Doch nur einer der vier Evangelisten habe von der Erlösung berichtet, und so beschäftigt Wladimir die Frage, warum alle Welt eher an die Erlösung glaubt als an die Verdammnis. Diese Frage ist förmlich der rote Faden des Stücks. Wladimir erhofft sich von Godot eine Unterkunft, Wärme und etwas zu essen. Bekanntlich kommt Godot aber nicht. Zudem hat Wladimir seinen Notizzettel verloren und weiß nicht, ob dies überhaupt der richtige Ort und Zeitpunkt ist. Die beiden verbringen ihre Zeit daher mit Warten und allerlei Spielchen.

Wenn auch der leibhaftige Godot nicht kommt, so haben Wladimir und Estragon doch zwei andere Begegnungen. Zunächst betritt Pozzo mit seinem kofferbeladenen Diener Lucky an der Leine die Bühne. Diese beiden entfalten in Sekundenschnelle die Fülle und Begrifflichkeit der anderen Menschen: Pozzo ist Großgrundbesitzer, hat Klappstuhl, Picknickkorb und Essen dabei. Nach der Mahlzeit stopft er sich die Pfeife, bestäubt sich mit einem kleinen Zerstäuber den Rachen und deklamiert über die Dämmerung. Lucky behandelt er wie ein Tier. Pozzo hatte ihn in seine Dienste ge-

> »Als Lucky zu der großen mimischen Parabel, dem wirren und tiefen Monolog vom Denken anhob, begann die Unruhe im Parkett und vor allem in den unübersichtlichen Winkeln des Hauses. München hat am längsten auf Godot gewartet und ihn am schlechtesten verstanden.« (*Frankfurter Allgemeine Zeitung*, 31. März 1954)

nommen, um von ihm das Denken zu lernen und ein besserer Mensch zu werden. Nun will er ihn auf dem Markt des Erlösers wieder verkaufen, weil er ihn nicht mehr erträgt. Zur Unterhaltung aller soll Lucky denken und tanzen. Pozzo animiert ihn dazu mit der Peitsche: »Denke, Schwein!« (W1, S. 46) Mit pseudowissenschaftlicher Rhetorik faselt Lucky von Gott, der »uns lieb hat bis auf einige Ausnahmen man weiß nicht warum« (W1, S. 46), und vom Menschen, der trotz körperlicher Pflege schrumpft. Sein Tanz ist statt eines

Menuetts der »Netztanz«, bei dem er in einem imaginären Netz gefangen ist. Lucky ist das Bild eines verkümmerten, am Leiden wahnsinnig gewordenen Menschen. Wladimir und Estragon halten Pozzo zunächst für Godot. Pozzo kennt Godot zwar nicht, aber er ist in der Tat wie eine Antwort auf ihre Erwartung. Von Pozzo bekommen sie etwas zu essen: die übrig gebliebenen Knochen von seinem Mahl – statt erhoffter Barmherzigkeit begegnet ihnen Grausamkeit. Diesem Pessimismus entspricht auch die zweite Begegnung Wladimirs und Estragons. Ein kleiner Junge bringt die Nachricht von Godot, dass dieser nicht heute, bestimmt aber morgen kommen werde. Auf Wladimirs Nachfrage hin, ob der Junge bei Godot gut behandelt werde und zu essen bekomme, erfährt er, dass es dem Jungen bei Godot gut gehe, sein Bruder aber geschlagen werde.

Im zweiten Akt spielt sich alles noch einmal ähnlich ab, doch nun in reduzierter Form. Keiner außer Wladimir kann sich an die gestrigen Begegnungen erinnern. Die Kategorien von Zeit und Raum gelten hier nicht. Lucky ist jetzt stumm und Pozzo blind. Beim Betreten der Bühne stürzen beide. Während Pozzo um Hilfe ruft, diskutieren Wladimir und Estragon die Lage im Allgemeinen und Besonderen. Als Wladimir endlich Hilfe leistet, strauchelt auch er, und so liegt die ganze Menschheit auf der Bühne in einem Knäuel am Boden und ruft um Hilfe. Endlich wieder auf die Beine gekommen, äußern Pozzo und Wladimir die zentralen Sätze des Stücks:»Habe ich geschlafen, während die anderen litten? Schlafe ich denn in diesem Augenblick? Wenn ich morgen glaube, wach zu werden, was werde ich dann von diesem Tage sagen?« (W1, S.95) Wladimir stellt damit die Frage nach der Möglichkeit des Lebens:»Rittlings über dem Grabe und eine schwere Geburt. Aus der Tiefe der Grube legt der Totengräber träumerisch die Zangen an. […] Die Luft ist voll von unseren Schreien. *Er lauscht.* Aber die Gewohnheit ist eine mächtige Sordine [Betäuberin].« (W1, S.96) Mangels gegenseitiger Kenntnisnahme verursachen die Figuren auf der Bühne einander Schmerzen, und damit ist auch Wladimirs Eingangs-

»E: Komm, wir gehen!
W: Wir können nicht.
E: Warum nicht?
W: Wir warten auf Godot.
E: Ach ja.«

(W1, S.14)

Werk

frage nach der Möglichkeit der Erlösung durch das Bühnengeschehen selbst negativ beantwortet.

Beckett wurde zu dem Stück durch eine der beiden ihm bekannten Varianten eines Bildes von Caspar David Friedrich angeregt: *Zwei Männer in Betrachtung des Mondes* (1819) bzw. *Mann und Frau den Mond betrachtend* (um 1824). Augenfällig ist die ähnliche Konstellation der beiden Männer vor dem Baum. Doch sicherlich hat Beckett auch die Szene der Betrachtung des Mondes fasziniert. Da der Mond zum großen Teil verdeckt ist und nur als schmale Sichel in Erscheinung tritt, können die beiden Männer ihn nicht ganz sehen – ebenso wie Wladimir das Leiden seiner Mitmenschen nicht sieht, weil sein Blick durch seine eigenen Wünsche und Fragen verstellt ist.

Caspar David Friedrich, vgl. S. 55

Endspiel

Fin de partie. In: *Fin de partie. Suivi de Acte sans paroles.* Paris: Editions de Minuit, 1957

1954, nach vier Jahren schriftstellerischer Unproduktivität, in die ihn seine Romantrilogie entließ, begann Beckett ein Stück, das ihn auf einen neuen Weg führte. Theater interessierte ihn dabei nicht im »professionellen Sinn« (zit. n. Haerdter 1969, S. 82), aber hier habe man es »mit einem bestimmten Raum zu tun und mit Menschen in diesem Raum« (ebd., S. 88). Die Konkretheit der Bühne ließ ihn einen Neuanfang finden. Hier schaffte er sich als Gegenentwurf zum Chaos der realen Welt einen eigenen kleinen Kosmos: »Man stellt eine kleine Welt her mit eigenen Gesetzen, regelt das Spiel wie auf einem Schachbrett.« (ebd., S. 91) Das heißt, der Autor verhält sich nun selber wie seine früheren Protagonisten und Erzähler und zieht sich von der Welt zurück. Die »Ordnung«, von der Beckett spricht, ist in seinen Stücken häufig analysiert worden: Tempi, Rhythmus, Pausen, Schrittfolgen, Echos, Wiederholungen, Spiegelungen sind genau festgelegt. Diese formale Ordnung soll aber keinesfalls das Chaos leugnen, sondern es in sich aufnehmen: »To find a form that accommodates the mess, that is the task of the artist now.« (Beckett; zit. n. Driver 1961, S. 23)

Vgl. S. 56

Kosmos Theater

Weder Kulturmüll noch Diskriminierung der Alten: Nagg (Werner Stock) und Nell (Gudrun Genest) im *Endspiel* an der Berliner Schiller-Theater-Werkstatt, 1967

Beckett bevorzugte das Stück gegenüber *Godot,* weil er es noch »unmenschlicher« fand. Im *Endspiel* sitzt Hamm mitten auf der Bühne in einem Rollstuhl. Er ist blind und kann nicht gehen. Clov ist sein Diener, er geht stets gebeugt und kann nicht sitzen. Hamms Zimmer ist kahl und in Dämmerlicht getaucht. Er bezeichnet es als seinen »Unterschlupf« (W1, S. 104). An der rechten und linken Wand befinden sich hoch oben je ein Fensterchen mit Vorhang. Der Raum steht damit in der Tradition von Murphys Dachkämmerchen. Rechts führt eine Tür zu Clovs Küche, die selbst unsichtbar bleibt. Links neben Hamm stehen zwei Mülltonnen, in denen Nagg und Nell, Hamms Eltern, sitzen. Diese Bühnengestaltung lässt sich auf Becketts früheres Stück *Eleutheria* (geschrieben 1947, veröffentlicht 1995. Paris: Editions de Minuit) zurückverfolgen. Dort bestand die Bühne aus Victors Zimmer, das bis auf ein metallenes Klappbett leer geräumt war. Darin integriert lag, »wie eine Enklave« (*Eleutheria*, S. 8), der Salon seiner Familie vollgestopft mit großbürgerlichem Mobiliar. Der Familienname »Krap« verweist auf engl. »crap« = Müll. Im *Endspiel* wird aus dem Salon die Ecke mit den Mülltonnen, in denen Hamms Eltern stecken. Beckett vollzieht nun,

Werk

> »Beckett [ist] ein sehr genauer Regisseur. Da wird an der Cho-
> reographie gefeilt, da wird die Anzahl der Schlurfschritte des
> Clov genau probiert, ja komponiert, bis der Schrittrhythmus
> auch eine dramatische Spannung vermittelt.« (Der Clov-Dar-
> steller Horst Bollmann; zit. n. Völker 1986, S. 88)

Jahre später, eine wörtliche Umsetzung dieser Konstellation.
Auch die Rümpfe in Behältern haben bei ihm Tradition: z. B.
Mahood in seinem Krug im *Namenlosen* und später die drei
Figuren in ihren Urnen in *Spiel*. Sie sind isoliert voneinander
wie Leibniz'sche Monaden, ohne einander ansehen zu kön-
nen.

Zu Beginn des *Endspiels* sind die Mülltonnen und Hamm mit
Tüchern verhüllt und die Vorhänge zugezogen. Clov beginnt
seine Arbeit. Er nimmt die Tücher fort, öffnet die Vorhänge,
weckt Hamm – das Leben auf der Bühne erwacht, um zu enden: »… Ende, es ist zu Ende, es geht zu Ende, es geht vielleicht zu Ende« (Clov; W 1, S. 104). Der Dialog zwischen
Hamm und Clov setzt ein, Nagg guckt aus seiner Tonne und
will seinen Brei. Doch Clov beharrt darauf, dass es keinen
Brei mehr gibt, keine Natur, keine Fahrräder, keine Pralinen
und keine Beruhigungspillen. Er selbst ist in seiner Küche damit beschäftigt, gegen die Wand zu gucken und sein Licht
sterben zu sehen. Er sehnt sich nach Stille und Leblosigkeit:
»Ich liebe die Ordnung. Sie ist mein Traum. Eine Welt, in der
alles still und starr wäre und jedes Ding seinen letzten Platz
hätte, unterm letzten Staub.« (W 1, S. 135)
Auch Hamm will das Leben auslöschen, insbesondere das um
ihn herum. Er lässt Clov mit dem Fernglas durch die Fenster
aufs Meer hinausschauen, um sicherzugehen, dass es dort
keine Boote und auch den Leuchtturm nicht mehr gibt. Clov
entdeckt eine Ratte und einen Floh – bezeichnenderweise in
seiner Hose –, die er sofort töten soll, damit sich nicht etwa
die Menschheit von ihnen aus neu entwickeln könne. Am
liebsten würde Hamm auch seine Eltern vom Müllkipper
holen lassen. Denn das Leben ist Leiden, folglich sind sie die   **Leben ist Leiden**
Erzeuger fortgesetzten Leidens. Geht es allerdings um ihn

»Laß mich eine kleine Runde machen – Eine Runde um die Welt.« Hamm (Ernst Schröder) und Clov (Horst Bollmann) in Becketts *Endspiel*-Inszenierung an der Berliner Schiller-Theater-Werkstatt, 1967

selbst, erwacht in Hamm der Lebenstrieb. Ist er von seinen Eltern als Baby missachtet worden, so will er nun buchstäblich im Mittelpunkt des Zimmers stehen. Er hält sich für den Nabel seiner kleinen Welt: Fern von ihm sei der Tod, alles, was Clov wisse, habe er von ihm, er lässt sich bedienen, einen Stoffhund basteln und zwingt seine Eltern und Clov, ihm zuzuhören. Mit Vorliebe erzählt er Geschichten von Wäldern und der Natur und phantasiert, dass ein Bettler seiner Hilfe bedürfe. Tatsächlich aber hat Hamm Angst und versucht, mit seinen Fragen, Bedürfnissen und Geschichten das Ende hinauszuzögern. Denn unabhängig von ihm geht etwas »seinen Gang« (W I, S. 121). Wenngleich er das Ende allen Lebens und Leidens herbeiwünscht, fürchtet er sich doch vor diesem anonymen Geschehen, das außerhalb seines Machtbereichs liegt.

Vgl. S. 71 Diese ungenannte Kraft erinnert an die Erzähler in den frühen Romanen, die ebenfalls ihre Helden mitsamt deren Lebensbestrebungen einem Ende entgegenführten. Beckett beschreibt Hamm dementsprechend als »König in dieser von Anfang an verlorenen Schachpartie. Er weiß von Anfang an, daß er lauter sinnlose Züge macht. [...] Er versucht nur, das unvermeidliche Ende hinauszuschieben.« (zit. n. Haerdter 1969, S. 83) Der Machtkampf zwischen Hamm und Clov ist der Kernpunkt des Stücks. Beckett verglich das *Endspiel* mit einer »ausgebrannte[n] Feuerstelle, aus der von Zeit zu Zeit Flammen hervorbrechen, um wieder zurückzusinken in die Asche« (ebd., S. 110). Zum Schluss legt sich Hamm das Tuch wieder aufs Gesicht, und Clov bleibt mitten im Raum stehen, so dass das Stück von vorne losgehen und wieder ›aufflackern‹ könnte.

Das letzte Band

Krapp's Last Tape. In: *Evergreen Review* 2/5, New York: Grove Press, 1958

Das 1958 geschriebene Stück wurde noch im selben Jahr in London uraufgeführt und 1969 am Berliner Schiller Theater Vgl. S. 62 mit Martin Held gespielt. Doch erst Becketts eigene Regie knapp zehn Jahre später brachte dem Publikum das Stück näher: »Selbst unter Beckett-Freunden wurde angesichts dieser Aufführung die Frage laut, ob denn der inszenierende Autor umfängliche Kürzungen vorgenommen habe. Denn so gebannt hatten alle auf die Bühne und auf Becketts verkapptes Dreipersonenstück geblickt, so fern war die Erinnerung an gelegentliche Wiederholungs-Langeweile […], daß viele Zuschauer Striche vermuteten, wo in Wahrheit, wie schon während der grandiosen *Endspiel*-Inszenierung vor zwei Jahren, doch nur König Becketts Kraft gewaltet hatte.« (Kaiser 1970, S. 32)

Das letzte Band beginnt damit, dass Krapp – speckige Weste mit vier großen Taschen, dicke silberne Uhrkette, schmieriges Hemd, große, schmuddelig-weiße Schnürstiefel, unrasiert, kurzsichtig, schwerhörig und rote Säufernase – aus seiner verschlossenen Schreibtischschublade eine Banane zutage fördert, sie umständlich schält, isst, beim Hinundhergehen auf der Schale ausrutscht und sie mit einem Fußtritt über den Bühnenrand schubst. Die Schale einer zweiten Banane schleudert er gleich in den Orchestergraben. Mit diesem Stück stößt Beckett den Zuschauer erneut vor den Kopf. Statt einer Handlung, die sich aus dem Zusammenspiel mehrerer Figuren ergibt, präsentiert er den Monolog des alternden Krapp und setzt die Zuschauer über lange Strecken überhaupt nur vor den seine Tonbandaufnahmen abhörenden Krapp. Krapp hat zu jedem Geburtstag sein Leben aufgezeichnet. Nun sucht er eine bestimmte Erinnerung auf seinen Bändern, und daraus entwickelt sich das Stück. Er legt ein Tonband ein, spult vor und zurück, hört Fragmente seiner Lebensgeschichte, sich selbst, als er jünger und voller Hoffnungen war. Zwischendurch verschwindet er hinter den Kulissen, um dort eine Schachtel mit anderen Bändern zu suchen, wird fündig und hört das neue Band ab. Über einige seiner früheren Ausdrücke ist er befremdet und sieht sie im Lexikon nach. Auf diese Weise erhält der Zuschauer Einblick in drei Stadien von Krapps Leben: als circa 28-, 39- und nun 69-Jährigem.

In seinen Erinnerungen geht es im Wesentlichen um Frauen. Die Erinnerung, nach der er so fieberhaft gesucht hatte, betrifft eine romantische Bootsfahrt mit seiner damaligen Freundin.

> »Sie lag auf den Planken ausgestreckt, mit den Händen unter dem Kopf und geschlossenen Augen. Gleißende Sonne, eine leichte Brise, angenehm plätscherndes Wasser. [...] Ich sagte noch einmal, ich fände es hoffnungslos und verfehlt weiterzumachen, und sie nickte, ohne ihre Augen zu öffnen. *Pause.* Ich bat sie, mich anzuschauen, und nach einem Moment – *Pause* – nach einem Moment tat sie es, aber ihre Augen waren nur Schlitze, der grellen Sonne wegen. Ich beugte mich über sie, damit sie im Schatten wären, und sie öffneten sich. *Pause. Leise:* Ließen mich ein. *Pause.* Wir trieben mitten ins Schilf und blieben stecken. Wie die Rohre sich seufzend bogen unterm Bug! *Pause.* Ich sank auf sie nieder, mein Gesicht in ihren Brüsten und meine Hand auf ihr. Wir lagen da, ohne uns zu bewegen. Aber unter uns bewegte sich alles und bewegte uns, sanft, auf und nieder und von einer Seite zur anderen.« (Samuel Beckett, *Das letzte Band*; W 1, S. 162)

Damals unterdrückte Krapp seine erotischen Wünsche und Liebesbeziehungen zugunsten seiner schriftstellerischen Karriere. In einer früheren Aufnahme erzählt er von einer Er-

leuchtung, die er in einer stürmischen Nacht beim Leuchtturm auf der Mole hatte: »daß das Dunkel, mit dem ich im- Vgl. S. 48
mer gekämpft hatte, um es zu bezwingen, in Wirklichkeit
mein bestes [Gut war]« (W I, S. 161). Letztlich hat er von seinen Büchern nur 17 Exemplare verkauft, wie er bei der neuen
Aufnahme jetzt erwähnt, und so verurteilt er sein früheres Ich
als »albernen Idioten« (W I, S. 163). Er erkennt, dass er sich ein
Leben lang verleugnet hat. Wie alle früheren Protagonisten
hat er stets ein Selbstbild von sich entworfen, in dem seine se- Selbstbetrug,
xuellen Bedürfnisse keinen Platz hatten. Das Band, das er ge- vgl. S. 71
rade neu bespricht, reißt er heraus und legt erneut die Stelle
mit der romantischen Bootsfahrt ein. Er lauscht nun schweigend. Als die Tonbandaufnahme damit endet, dass der jüngere Krapp seine besten Jahre und die Hoffnung auf Glück
nicht zurückwünscht, starrt der alte bewegungslos vor sich
hin. Nach dem Textende läuft das Band noch eine Weile in
der Stille weiter.

Während der Regiearbeiten hat Beckett mehrfach betont,
dass Krapp am Ende stirbt, dass er von seinen Träumen ver-
schlungen wird, und hat ihn als einen »dreameaten man«
bezeichnet (zit. n. McMillan / Fehsenfeld 1988, S. 270 u. 278).
Mehrfach schaut sich Krapp im Stück um, denn er weiß, dass
ihn der Tod einholen wird. Hierzu hat die Figur des Todes aus
Matthias Claudius' Gedicht »Der Tod und das Mädchen«
Pate gestanden.

Mit dem Laster des Bananenessens, mit dem Krapp seine unterdrückte Sexualität zu kompensieren scheint, mit der Slap-
stickeinlage zu Beginn, die an die großen Komiker aus Stumm-
filmzeiten erinnert, mit seinem vernachlässigten Aussehen
und seinem mit Abfall konnotierten Namen degradiert der
Autor seine Figur ähnlich wie die Protagonisten in früheren
Arbeiten. Mit seinen idealisierenden, realitätsfernen Selbstbildern ist Krapp ein alberner Clown. Er ist sich selber fremd,
wie es der Zwiespalt zwischen ihm und seiner auf Band aufge-
zeichneten Stimme unmittelbar vorführt.

Glückliche Tage

Happy Days. New York: Grove Press, 1961

Vgl. S. 54 Wenige Jahre nach dem *Letzten Band* brachte Beckett eine neuerliche Überraschung auf die Bühne. 1961 beendete er das Stück *Glückliche Tage*. Bei den Proben zehn Jahre später am Berliner Schiller Theater bemerkte er, dass er versucht habe, ein Stück zu schreiben, das »nur vom Text lebe und ohne Handlung [d. h. Bewegung] auskomme« (zit. n. Hübner 1986, S. 65). Kurz zuvor hatte er bereits mit der Gattung des Hörspiels experimentiert.

Bis zum Hals im Schlamassel: Winnie (Eva-Katharina Schultz) in Becketts Inszenierung von *Glückliche Tage* am Schiller Theater Berlin, 1971

In *Glückliche Tage* wird die Bühne von einem versengten, kahlen Grashügel und die Bühnenrückwand von einem Prospekt mit einer gemalten Ebene und einem weiten Himmel eingenommen. Mitten im Grashügel, unter gleißendem Licht, steckt Winnie bis zu den Hüften in der Erde, eine vollbusige, guterhaltene Frau um die fünfzig, mit knappem Mieder und Perlenkette. Schräg hinter ihr, auf der anderen Seite des Hügels, hockt Willie, ihr Mann, von dem nur der Hinterkopf zu sehen ist. Winnie beginnt ihren Tag. Aus dem Beutel, der neben ihr liegt, holt sie eine Zahnbürste und -pasta hervor und putzt sich die Zähne. Dann greift sie zur Brille, putzt sie und versucht das Etikett auf ihrer Zahnbürste zu lesen. Sie hantiert mit ihrem Sonnenschirm und schminkt sich die Lippen. Unterdessen kommentiert sie sich selbst und ihr Dasein. Dabei spricht sie von den »alten Dingen« und dass es zu Ende gehe. Also ist auch dieses Stück ein Endspiel. Winnie hält die alltäglichen Umstände ihres Daseins fest, redet mit Willie, obwohl der nur selten antwortet, und zitiert schließlich die Klassiker, um ihre Bildung aufzufrischen. Angesichts der trostlosen Situation, in der Winnie sich befindet, scheint sie mit ihrem Tun und Reden eine Ordnung in ihrem Leben aufrechterhalten zu wollen, die schon lange nicht mehr existiert oder vielleicht nie existiert hat: »Das Haar bürsten und kämmen, wenn es noch nicht geschehen ist, oder wenn es fraglich

Werk

ist, die Nägel pflegen, wenn sie Pflege nötig haben usw., diese Dinge helfen einem darüber hinweg. *Pause.* Das eben finde ich so wundervoll, daß kein Tag vergeht – *Lächeln* – um im alten Stil zu sprechen – *Lächeln verschwindet* – ohne irgendeine verkannte […] Gnade.« (W I, S. 180 f.)

Willie schräg hinter ihr amüsiert sich plötzlich über eine Postkarte mit anzüglichem Inhalt. Winnie lässt sie sich geben und ist entrüstet, wobei sie die Abbildung ausführlich mit der Lupe betrachtet. Später erzählt Winnie die Geschichte von einem kleinen Mädchen namens Mildred, das, obwohl es ihr verboten war, eines Nachts im Nachthemd die Treppe hinunterkrabbelte und unter dem Tisch ihrem Püppchen die Kleider auszog. Als der Kleinen plötzlich eine Maus über den

> »Beckett geht mit den Schauspielern den zweiten Akt des Stückes durch, das heißt, er rezitiert auswendig den gesamten Text und erläutert die Augenbewegungen, die Winnie ausführt. […] Starken Eindruck macht auf alle an der Probe Beteiligten die Intensität, mit der Beckett Winnies Geschichte von Mildreds Püppchen erzählt. Nachher scheint er für einen Augenblick die Probe vergessen zu haben, er fährt erst nach einem längeren Schweigen mit seinem Spiel fort.« (Der Regieassistent Alfred Hübner [1971]; zit. n. Völker 1986, S. 109)

nackten Oberschenkel rannte, schrie sie voll Entsetzen, bis die ganze Familie zusammengelaufen kam.

An anderer Stelle spricht Winnie davon, dass sie ständig in ihrem Kopf Schreie hört, die kommen und gehen. Winnie steckt bis zu den Hüften in der Erde – sie ist im Wortsinn eine Frau ohne Unterleib. Sie erzählt von einem Herrn Peerer oder Stierer, der mit seiner Frau eines Tages vorbeikam und Winnies Situation begaffte. Er fragte sich, ob Winnie noch ein Gefühl in den Beinen habe, was Winnie und Willie wohl auf diese Weise voneinander hätten, und bewundert ihren immer noch üppigen Busen.

Ähnlich wie Hamm scheint sich Winnie mit ihrem Reden gegen eine Kraft zu wehren, die sie letztlich doch wieder einholt. Inmitten der vertrockneten Ödnis taucht durch Willie und durch ihre Geschichten das sexuelle Begehren auf. Zugleich erschrickt sie darüber. Und je mehr Winnie redet, umso dramatischer wird ihre Situation: Im zweiten Akt steckt sie bis zum Hals im Dreck. Ihre Bewegungsfreiheit ist damit noch weiter eingeschränkt, sie kann nun nur noch die Augen drehen. Mit ihrem Redefluss überspielt sie ihren Wunsch, wahrgenommen zu werden. Wiederholt drängt sie Willie nach einer Antwort auf ihre Fragen. Doch meistens reagiert er nicht, und so findet sie selbst Erklärungen und zugleich Gründe für seinen Mangel an Zuwendung. Den ausbleibenden Dialog ersetzt Winnie im Monolog, in dem sie sich selbst zum Gesprächspartner wird. Diese Struktur wird die Texte des Spätwerks bestimmen. Wenn aber Willie unverhofft doch antwortet, so ist dies »ein glücklicher Tag« für Winnie. Hier bezieht Beckett auch die Zuschauer mit ins Spiel ein, denn mehrfach erwähnt Winnie, dass sie doch noch jemand sieht – natürlich: Es sind hundert oder mehr Augen auf sie gerichtet.

Monolog statt Dialog

Am Ende des Stücks kommt Willie überraschenderweise auf die Vorderseite des Hügels. Er trägt nun einen Frack und einen Zylinder. Auf allen vieren versucht er, den Hügel zu erklimmen. Winnie macht sich zunächst über ihn lustig, feuert ihn dann aber an. Als Willie gerade noch hörbar »Win« sagt, ist dies wieder ein »glücklicher Tag« für Winnie, und sie singt endlich ihre das ganze Stück hindurch angekündigte Melodie, die sie bereits mit einer Spieldose aus ihrem Sack im ersten Akt angehört hatte: »Lippen schweigen, 's flüstern Geigen: Hab' mich lieb! …« Zum Schluss verharren beide Auge in Auge in der Stille. *Glückliche Tage* ist eine pessimistische Liebesgeschichte à la Beckett: Im Angesicht der unendlichen Ödnis des menschlichen Daseins ist die Liebe ein Hauch.

Besser scheitern: Das Spätwerk

Vgl. S. 57 Im Entstehungsjahr von *Endspiel*, 1956, beschrieb Beckett den Weg, den er nach dem *Namenlosen* einschlagen wollte, als einen der Unwissenheit und Ohnmacht. »Bei der Art von Arbeit, die ich mache, bin ich nicht der Herr meines Materials. […] Ich arbeite mit Ohnmacht, mit Unwissenheit. Ich glaube nicht, daß Ohnmacht schon einmal verarbeitet worden ist.

[…] Meine kleinen Forschungen betreffen diesen ganzen Bereich des Seins, der von Künstlern bisher stets als unbrauchbar beiseite geschoben worden ist – als etwas, das per definitionem nicht mit Kunst vereinbar ist. […] Ich glaube, jeder, der heutzutage seiner eigenen Erfahrung auch nur die geringste Aufmerksamkeit zollt, stellt fest, dass es die Erfahrung eines Nichtwissenden, eines Nichtkönners ist.« (zit. n. Shenker 1956, S. 3) Die erschreckende Entdeckung aus dem *Namenlosen*, dass das Ich keinen authentischen Wesenskern besitzt, sondern nur aus den Einflüssen der anderen Menschen besteht, versucht Beckett für sich nun also künstlerisch nutzbar zu machen. »Becketts erste Strategie ist eine Strategie des Überlebens.« (Kenner 1976, S. 40) Im gesamten Spätwerk präsentiert er eine Erzählhaltung der Ohnmacht, in der die Erzähler und Figuren nicht Herr über ihre Inhalte sind. Er vermittelt Bilder eines Bewusstseins, das in einzelne Fragmente zerfallen ist: Das Geschehen findet in einem dunklen, leeren (Bühnen-)Raum statt, dem Ort »unter der Schädeldecke«. In dessen Mitte befindet sich eine passive Hörer-Figur. Deren Innenleben ist nun nach außen gewendet und kehrt als von außerhalb sprechende Stimme und beobachtergleiche Erzählperspektive bzw. Zuschauer-/Kamerablick wieder. In der Einsamkeit ihres Bewusstseins ist die Figur ihren Fremdinhalten ausgesetzt. Mit diesen dunklen Szenerien voller Intensität zieht Beckett den Zuschauer ganz in seinen Bann und macht ihn förmlich zum Teil des Geschehens.

Späte Kunsttheorie: Unwissenheit und Ohnmacht

Wie es ist

Comment c'est. Paris: Editions de Minuit, 1961

1958 begann Beckett einen Text mit dem Titel *Pim* zu schreiben. Seinem Freund Con Leventhal gegenüber erwähnte er, dass er dabei sei, sich: »mühselig weiterzumühen dort, wo der Namenlose mich abgehängt hat, das heißt Fortsetzung mit so gut wie nichts.« (zit. n. Knowlson 2001, S. 579) Aus diesem Text entstand bis 1961 Becketts letzter Roman *Wie es ist* (*Comment c'est*). Hier kriecht der Erzähler mit einem alten Sack in der Hand durch den Schlamm. Seine Welt ist unten, dunkel und leer. Eine Stimme erzählt ihm von seinem Leben unter den anderen Menschen, und der Erzähler zitiert, was er von der Stimme hört. Jedes Mal wenn er seinen Sack mit Konservendosen geschüttelt und gepresst hat, steigen Bilder voller Farbe aus dem Leben oben im Licht auf. Diese Reminiszenzen drehen sich um Isolation, Enttäuschung und Verletzung, wie sie aus den Texten seit dem Frühwerk bekannt sind. Wenn sich der Erzähler im Schlamm in embryonaler Haltung nach Geborgenheit sehnt, so scheinen seine aktuelle Situation und die Aussagen der evozierten Bilder in einer Wechselwirkung zu stehen. Er reproduziert selber wiederum die Grausamkeit, die an ihm verübt worden ist. In seiner Einsamkeit erfindet er sich ein Wesen, das so ähnlich ist wie er, namens Pim. Der Roman weist daher drei Teile auf: das Leben vor, mit und nach Pim. Mittels eines Büchsenöffners und seiner Fingernägel traktiert der Erzähler Pim, um ihn zum Reden zu bringen, **Fortwährende** damit auch er sein Leben erzähle. Im letzten Teil präsentiert **Wiederholung** Beckett schließlich ein pessimistisches Gesellschaftsbild. Die Geschöpfe der Welt bilden eine unendliche Kette von Peinigern und Opfern. Der zweite Teil mit Pim und dem Erzähler stellt also nur den lupenhaft vergrößerten Ausschnitt eines fortwährenden, sich immer wiederholenden Prozesses dar. Der Roman könnte somit endlos weitergehen. Zum Schluss des dritten Teils lösen sich die Bilder und die Schlammszenerie in die Farbe des Drecks und schließlich in Weiß auf, die Farbe des Schädels. Er ist der letzte materielle Existenzbeweis des überfremdeten Bewusstseins. Im letzten Satz des Romans entlarvt die Stimme wiederum alles als ein einziges Zitat: »wie es ist«. Damit wird die Erzählsituation ins Unendliche verschachtelt, so dass es unmöglich ist, ein sprechendes Subjekt festzulegen. Auch damit konstruiert Beckett ein Moment der Ohnmacht. Der ganze Roman ist in Satzfetzen wiedergegeben, ohne Interpunktion, in abgehackten Abschnitten, ohne Hinweis darauf, wer spricht. Beckett verweigert dem Leser auf diese Weise die logisch-rationale Orientierung und überantwortet ihn derselben Ohnmacht, der seine Figuren unterliegen.

Hörspiele

All That Fall. London: Faber & Faber, 1957

Embers. In: *Krapp's Last Tape and Embers.* London: Faber & Faber, 1959

Words and Music. In: *Evergreen Review.* 6/27. New York: Grove Press, 1962

Cascando. In: *Evergreen Review.* 7/30. New York: Grove Press, 1963

Die neue Position der Ohnmacht bereitete Beckett nicht nur mit dem Theater, sondern auch mit Hörspielen vor, die im Wesentlichen zwischen 1959 und 1961 entstanden sind. Bereits in *Das letzte Band* ist die Stimme nicht nur metaphorisch vom Vgl. S. 62 Protagonisten getrennt, indem sie auf Band konserviert wird. In den Hörspielen experimentiert Beckett weiter mit der Abspaltung der Stimme. In *Aschenglut* (*Embers*; 1959), *Worte und Musik* (*Words and Music*; geschrieben 1961) und *Cascando* (geschrieben 1961) hört man von den Protagonisten allein ihre Bewegungen sowie Hintergrundgeräusche, während eine Stimme die Geschichte des jeweiligen Protagonisten erzählt. In allen Hörspielen geht es dabei um die Frage, ob die Stimme von außen kommt oder nur in der Einbildung der Figur existiert. Diese Unsicherheit ist mit der Angst verbunden, den Kontakt zur allgemeinen Lebenswirklichkeit zu verlieren und die subjektive mit der objektiven Realität zu verwechseln.

In *Aschenglut* sitzt der Protagonist namens Henry an einem Kieselstrand und erzählt eine Geschichte von zwei alten Männern: Bolton, der gerade im Begriff war, in der Einsamkeit dem Nichts anheim zu fallen, ruft seinen Freund, einen Arzt, zu Hilfe, der ihm aber nur eine Spritze anbietet. In *Worte und Musik* wird der Protagonist Croak von seinen sexuellen Phantasien überwältigt, die ihm in Form von Worten und Musik gegenübertreten. In *Cascando* lässt der Öffner eine Stimme und die Musik herein. Die Stimme erzählt die Ge-

Beckett und Martin Held (Krapp) bei den Vorbereitungen für *Das letzte Band* am Schiller Theater Berlin, 1969

schichte von Manu, der sich durch den Schlamm zum Strand schleppt, mit einem Boot das Festland verlässt und sich in der Unendlichkeit des Meeres verliert.

Bereits Becketts erstes Hörspiel von 1957, *Alle die da fallen* (*All That Fall,* geschrieben 1956), – Mrs. Rooney holt ihren Mann vom Zug ab, der mit Verspätung eintrifft, weil ein Kind aus dem Zug gefallen oder, möglicherweise von Mr. Rooney selbst, gestoßen worden ist – war lobend von der Kritik aufgenommen worden: »Das aufregendste Hörspiel der letzten Monate wurde von einem Mann geschrieben, dessen einzige Erfahrung mit dem Medium die eines Zuhörers gewesen war […]. Beckett mag zwar keine Fachkenntnisse gehabt haben, dafür hatte er aber ein bewegendes und starkes Thema, arbeitete auf einfallsreiche Art mit Lauten und Stille und war sich mit gesundem Menschenverstand der Grenzen (und der Stärken) des neuen Mediums bewusst. Und er ist ein Künstler mit leidenschaftlichem Interesse für Wörter – das Rohmaterial des Rundfunks.« (McWhinnie; zit. n. Zilliacus 1976, S. 64)

Filme und Fernsehstücke

Film. Uraufführung: Biennale Venedig, 4. September 1965. In: *Eh Joe and Other Writings*. London: Faber & Faber, 1968

Dis Joe. In: *Comédie et actes divers*. Paris: Editions de Minuit, 1966

Ghost Trio. In: *Ends and Odds. Eight New Dramatic Pieces*. New York: Grove Press, 1976

… but the clouds … In: *Ends and Odds. Plays and Sketches*. London: Faber & Faber, 1977

Nacht und Träume. Uraufführung: Süddeutscher Rundfunk Stuttgart, 19. März 1983. In: *Collected Shorter Plays*. London: Faber & Faber, 1984

Quad. In: *Collected Shorter Plays*. London: Faber & Faber, 1984

Ein Leben lang hat sich Beckett für den Film interessiert. In den dreißiger Jahren hatte er sich bei Sergej Eisenstein in Moskau als Assistent beworben und war zudem ein passionierter Kinogänger: Wenn er ein Stück gesehen hatte, besprach er »ausführlich die technischen Details der dramatischen Einheiten – ›wie das Stück funktionierte‹; er scheint die Werke, die er sah, mindestens so sehr, wenn nicht mehr, stu-

Vgl. S. 37

diert und analysiert wie einfach genossen zu haben« (Bair 1994, S. 82). Ziel einer solchen technischen Präzision ist natürlich die Intensität der Vermittlung: »Die Stärke der filmischen Wiedergabe besteht darin, dass sie sich, mit Hilfe der Kamera, ständig darum bemüht, so tief wie möglich einzudringen, […] und dabei in die Tiefen des Lebens vorstößt« (Pudowkin; zit. n. Hartel 2004, S. 70).

1964 schrieb Beckett das Drehbuch zu *Film*, der im selben *Film*, vgl. S. 62
Jahr unter der Regie von Alan Schneider und mit Buster Keaton in der Hauptrolle in New York gedreht wurde. Meisterlich setzt er die Mittel des Stummfilms ein, um seine Poetik der Ohnmacht zu inszenieren. Wie die Protagonisten in den Hörspielen von ihren Stimmen verfolgt und möglicherweise überhaupt erst von ihnen erschaffen werden, so sind die Beckett'schen Protagonisten in den Film- und Fernsehstücken einem beobachtenden Blick ausgesetzt – einem »registrieren- Der Blick
den ›Auge‹, einer gefühllosen Intelligenz« (Hartel 2004, S. 74). Beckett hat *Film* unter das Motto »esse est percipi« (»Sein ist wahrgenommen zu werden«) von George Berkeley gesetzt und stellt damit die Frage der Wahrnehmung ins Zentrum. Der Mann »O« sucht den Blicken der Menschen auf der Straße zu entkommen und tritt in einen Hausflur. Er steigt in seine Wohnung hinauf, schließt die Tür und verhängt Fenster, Bilder und Spiegel. Beruhigt setzt er sich in einen Lehnstuhl, doch da schießt das ihn bisher verfolgende Kameraauge nach vorne und blickt ihm ins Gesicht. O lässt erschrocken das Gesicht in die Hände sinken.

Auch im Massenmedium Fernsehen erkennt Beckett sofort die spezifischen formalen Möglichkeiten. Er schätzt es aufgrund der Intimität, die es bietet, und bezeichnet es als eine »key hole art« (›Schlüssellochkunst‹; zit. n. Veit 2002, S. 200). Zwischen 1966 und 1988 produzierte Beckett zusammen mit dem Süddeutschen Rundfunk Stuttgart insgesamt vier Fernsehspiele. *He, Joe* (*Dis Joe*) zeigt Joe inmitten seines kahlen, *He, Joe*
bühnenartigen Zimmers. Seine Stimme spricht zu ihm und erzählt ihm die Geschichte einer verflossenen Liebe, die sich seinetwegen am Strand zwischen den Steinen umgebracht hat. Je weiter die Geschichte fortschreitet und die Schuld Joe

Werk

Work in progress: Beckett bei den Dreharbeiten zu *He, Joe*, 1966

plagt, umso näher rückt die Kamera und registriert gnadenlos seine innere Spannung, die sich nur im Zucken des Auges widerspiegelt. »Auf den ersten Blick erscheint diese Geschichte [...] wie ein abgefilmtes Hörspiel. Hier schauen wir Joe beim Hören zu. [Beckett] führt uns dabei vor Augen, was Sprache, hier die Stimme, an Sichtbarem evozieren kann: mimische Handlung.« (Hartel 2004, S. 83)

Die späteren Fernsehproduktionen *Geistertrio* (*Ghost Trio,* geschrieben 1975), *... nur noch Gewölk ...* (*... but the clouds ...,* 1976) und *Nacht und Träume* (geschrieben 1982) sind extrem kurz und von höchster formaler Konzentration. Ein Protagonist sitzt in einem kahlen, grauen Raum oder überhaupt nur in einem Lichtkegel im Dunkel wie in einem Gemälde Rembrandts. *Geistertrio* Die Figur in *Geistertrio* ist ähnlich wie Krapp über einen Kassettenrekorder gebeugt und meint mehrfach, jemanden kommen zu hören. Letztlich tritt wie in *Godot* nur ein kleiner Junge ein, der verneinend den Kopf schüttelt. Der *... nur noch* Mann M in *... nur noch Gewölk...* sieht sich, am Tisch sitzend *Gewölk...* und träumend, durch einen Lichtkegel in seine Klause gehen, wo er darauf hofft, dass eine Frau erscheint und mit ihm *Nacht und Träume* spricht. Ähnlich träumt der Mann in *Nacht und Träume* von einer liebkosenden Hand auf seinem Kopf und einem Kelch, der ihm gereicht wird. Jede dieser Figuren ist vom Verlangen nach Geborgenheit und Liebe getragen, die jedoch bloße Illu-

Werk

sion bleiben. Die Bilder sind dunkel und von großer Intensität und haben dennoch etwas Tröstendes und Liebevolles an sich. Beckett bemerkt dazu: »All die alten Geister. *Godot* und *Eh Joe* über Unendlichkeit.« (zit. n. Knowlson 2001, S. 777) Besitzen die genannten Fernsehspiele noch eine narrative Struktur, so überraschte Beckett 1982 mit dem hochformalisierten Stück *Quadrat* (*Quad*; geschrieben 1981). Auf einer **Quadrat** quadratischen Fläche laufen vier verschiedenfarbig gekleidete Figuren hektisch und unter nervösem Trommelwirbel die Längsseiten und die Diagonalen des Quadrats ab. Nur um den Mittelpunkt machen sie einen Bogen. Auch hier wieder das alte Thema des An-sich- und Aneinander-Vorbeigehens: »Es ist eine Art Parabel über die Gesellschaft – Gesellschaft als ein Ensemble von ›Monaden‹« (Hiebel 1993, S. 336), aber in radikal experimenteller Form.

Kurzdramen

Play. In: *Play and Two Short Pieces for Radio*. London: Faber & Faber, 1964
Not I. London: Faber & Faber, 1973
That Time. New York: Grove Press, 1976
Footfalls. New York: Grove Press, 1976
Rockaby. In: *Rockaby and Other Short Pieces*, New York: Grove Press, 1981
Ohio Impromptu. In: *Rockaby and Other Short Pieces*, New York: Grove Press, 1981
Catastrophe. In: *Catastrophe et autres dramaticules*. Paris: Editions de Minuit, 1982

»Gewiß kann man sich fragen, was solche Stücke einbringen, und sich achselzuckend abkehren. Ebenso gewiß aber kann man antworten, daß sie von den Rändern menschlichen Bewußtseins, dort wo es verschwimmt, eigentümlich präzise Vorstellungen geben. Dem Chaos setzt Beckett die Form entgegen«, so schrieb Günther Grack 1976 im *Tagesspiegel* anlässlich der neuesten Aufführungen des Autors in Berlin (zit. n. Völker, S. 137). Was abstrakt erscheinen mag, sind tatsächlich Konkretisierungen der Einsamkeit und der Angst auf der Bühne. Wie ein Maler geht Beckett an diese Stücke heran. Er **Vgl. S. 31 f. u. 64**

Monaden im Jen-
seits. Wer lebt
schon wirklich?
Das verfilmte
Spiel: *Comédie*,
1966

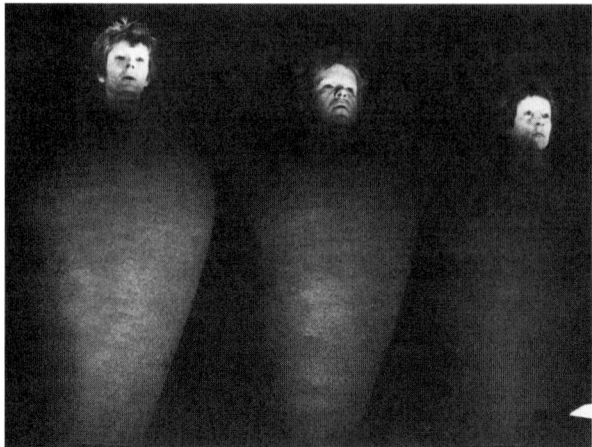

inszeniert Miniaturen, die eher wie bewegliche Gemälde
wirken als sich für den gängigen Gebrauch im Theater zu eig-
nen scheinen. Nachfolgende Regisseure stehen stets vor einer
schwierigen Aufgabe: »J'ai toujours eu peur de monter
Beckett. C'est un théâtre où le risque de dérapage est con-
stant« (»Ich habe immer Angst davor gehabt, Beckett zu inszenieren. Es ist ein Theater, bei dem man stets Gefahr läuft, ins
Schleudern zu kommen«), so Luc Bondy 1999.

Spiel In *Spiel* (*Play*, 1963) stehen auf der dunklen Bühne drei große Urnen, in denen bis zum Hals zwei Frauen und ein
Mann stecken. Die Figuren können nur geradeaus sehen und
sind voneinander isoliert wie Monaden. Sie erzählen jede aus
ihrer Perspektive die gemeinsame Eifersuchtsgeschichte. Ein
Scheinwerfer fungiert als Spielleiter, indem er die Figuren jeweils für kurze Zeit ins Bühnendasein hebt. Dann spricht die
Figur ihren Text, bis der Scheinwerfer plötzlich auf die nächste Figur springt. So geht es hin und her, bis die Geschichte
erzählt ist. Diese rüde Behandlung und die gruftähnliche
Bühnendekoration deuten an, dass die Figuren mit all ihren
Emotionen im Jenseits stehen, denn sie gehen an sich und
Nicht Ich ihrem Nächsten vorbei. Mit *Nicht Ich* (*Not I*, geschrieben
1972) und *Damals* (*That Time*, geschrieben 1975) hat Beckett
zwei kurze Stücke verfasst, die er als miteinander verwandt

Vgl. S.56

Werk

betrachtete. In *Nicht Ich* wird der Zuschauer mit einer dunklen Bühne konfrontiert, auf der sich lediglich ein unablässig und abgehackt redender Mund befindet und daneben, im Hintergrund, eine verhüllte Figur, der Hörer. Der Mund erzählt die Geschichte von einer Frau, die nach ihrer Geburt von den Eltern verlassen wurde, keine Liebe bekam und im Heim aufwuchs. In ihrer Einsamkeit begann sie Selbstgespräche zu führen, die sie zur Außenseiterin machten und an den Rand des Wahnsinns führten. Es wird deutlich, dass es die Geschichte der fast reglosen Hörer-Figur ist, in der sich das Reden abgespalten und verselbständigt hat, versinnbildlicht im autonomen Mund.

> »Ich habe das Gefühl, dass ich es bin, die ›dies alles‹ in Gang setzt, und doch geschieht alles von selbst, und ich bin eigentlich völlig passiv [...] ein sehr ungewöhnliches Gefühl auf der Bühne [...] mein Körper wird von den Wörtern gestürmt und stellt eine körperliche Verbindung zu Dingen her, die ich intellektuell nicht begreifen kann.« (Die Mund-Darstellerin Shirly Steier; zit. n. Levy 2001, S. 146)

Damals

Ähnlich zeigt das Bühnenbild von *Damals* nur ein lauschendes altes Gesicht, während Stimmen aus drei Lautsprechern das Leben des Mannes erzählen. In Abschnitte geteilt und miteinander verflochten, werden Episoden aus der Kindheit, der Jugend und dem Erwachsenenleben geschildert. Wieder geht es um mangelndes Wahrgenommenwerden, Einsamkeit, Selbstgespräche. Er suchte im Lauf der Zeit Unterschlupf im Museum, im Postamt, in der Bibliothek. Letztlich löst sich die Szenerie im Lesesaal in Staub auf, das Verlangen nach Liebe und Sein vergeht, und so verbleibt der Hörer mit einem Lächeln auf der Bühne.

Tritte

Tritte (*Footfalls*, geschrieben 1975) zeigt die Figur May in der unendlichen Einsamkeit ihres Denkens: Im Dunkel der Bühne geht sie, in Fetzen angetan, in einem schmalen Karree von Licht auf und ab und redet mit ihrer Mutter. Deren Stimme spricht aus dem Jenseits und sagt ihr, wie sie war. Auf Mays Fragen gibt sie jedoch keine Antwort. May selbst erzählt

Sehnsucht nach
ihresgleichen:
Billie Whitelaw
in der BBC-
Produktion von
Rockaby, 1981

die Geschichte von einer Frau Winter und deren Tochter
Amy, die von sich sagt, sie sei beim Gebet in der Kirche nicht
zugegen gewesen, obwohl ihre Mutter sie habe sprechen
hören. Ebenso wenig ist May wirklich gegenwärtig. Beckett
sagt über sie: »She was never born.« (zit. n. Asmus 1986,
S. 337 f.) und bezieht sich damit auf den Fall einer Patientin
von C. G. Jung: »This girl wasn't *living*. She existed but didn't
actually live« (ebd.). Da May von ihrer Mutter nicht in ihrem
Wesen wahrgenommen worden ist, ist sie im Sinne des »esse
est percipi« nie wirklich ins Leben getreten.
Die späten Kurzdramen der achtziger Jahre sind noch kom-
primierter. In *Rockaby* (geschrieben 1980) sitzt die Frau F in

einem Schaukelstuhl und lauscht ihrer Stimme S, die in *Rockaby* einem rhythmischen Prosagedicht ihre Geschichte erzählt. F sehnte sich ihr Leben lang nach »ein[em] andere[n] Wesen wie sie«, das ebenfalls »ganz Auge« ist (W 5, S. 99), und hielt in den ihr gegenüberliegenden Fenstern danach Ausschau – doch vergebens. Schließlich gab sie auf und zog sich zurück in den Schaukelstuhl ihrer Mutter, in dem diese auch schon in ihrem besten schwarzen Kleid gesessen und geschaukelt hatte. So wird sie förmlich selbst zu ihrer Mutter. Die er-

> »Manchmal sagte ich zu Sam: Weißt du, eigentlich könntest du einen Rahmen um mich bauen und mich irgendwo an die Wand hängen.« (Becketts Lieblingsschauspielerin Billie Whitelaw; Whitelaw 1996)

zählte Geschichte und das Bühnengeschehen fallen an einem Punkt zusammen: Das Erzählte findet nun unmittelbar auf der Bühne statt.

Ohio Impromptu (geschrieben 1981) hat Beckett für eine zu *Ohio Impromptu* seinen Ehren in Ohio stattfindende literaturwissenschaftliche Tagung geschrieben. Im Dunkel der Bühne, unter einem Lichtkegel, sitzen ein Vorleser mit einem Buch und ein Hörer an einem Tisch. Beide sind identisch gekleidet. Auf dem Tisch liegt nur *ein* Hut; die Figuren sind zwei Teile einer Person. Die vorgelesene Geschichte handelt von einem jungen Mann, der unter seiner Zerrissenheit leidet, seine Freundin verlässt, statt dessen seinem Alter Ego begegnet, das ihm jeden Abend vorliest, so wie es gerade auf der Bühne geschieht. Als nichts mehr zu sagen ist, schließt der Vorleser das Buch, und er und der Hörer verharren Auge in Auge.

Im Laufe der Jahrzehnte gewöhnten sich das Theaterpublikum und die Kritiker an Becketts eigenwilliges Theater. Er inszenierte seine Stücke selbst und revolutionierte mit seinem Minimalismus das Theater: »Beckett fordert mit *Damals*, wie schon mit seinen vorausgegangenen Texten, das Theater abermals zur äußersten Reduktion des Instrumentariums heraus. Das Ergebnis ist eine faszinierende Antithese zu jener neuen, bunten Beweglichkeit, zum Beispiel bei Zadek, von der mancher sich eine Wiederbelebung des Interesses am Theater erhofft. Beckett setzt dagegen die entschiedenste Verengung, die absterbende, schon abgestorbene Gebärde: einen Aus-

druck des Stillwerdens mitten im aufgeregtesten Tumult üblicher und unüblicher Arrangements, Thesen, Ideologien.« (Iden 1986, S. 136) Seine eigenen Theatererfahrungen hat *Katastrophe,* Beckett in dem kurzen Stück *Katastrophe* (*Catastrophe*) verar-
vgl. S. 51 beitet, das er auf Einladung für die Theaterfestspiele Avignon 1982 als Solidaritätsbekundung für den damals inhaftierten Václav Havel geschrieben hat. Es ist Becketts politischstes Stück. Ein selbstgefälliger Regisseur im Pelzmantel bereitet mit Hilfe seiner Assistentin den auf einem Sockel postierten Protagonisten im grauen Pyjama und mit gesenktem Haupt und auf der Brust gefalteten Händen für die Vorstellung vor. Er schafft ein Bild der Demut und der Unterdrückung. Die Katastrophe besteht darin, dass der Protagonist zum Schluss selbständig den Kopf hebt und ein unsichtbarer Applaus einsetzt. Das Stück ist ein visuelles Plädoyer für »die Meinungsfreiheit des Schriftstellers oder Künstlers« (Brockmeier 2001, S. 186).

Kurzprosa

Le Dépeupleur. Paris: Editions de Minuit, 1970
Company. London: Calder, 1980
Mal vu mal dit. Paris: Editions de Minuit, 1981
Worstward Ho. London: Calder, 1983
Stirrings Still. London: Calder, 1988

Nach seinem letzten Roman *Wie es ist* hat Beckett in den sechziger Jahren eine Anzahl kurzer Prosatexte geschrieben, die allesamt Szenerien »unter der Schädeldecke« darstellen. Kleine Figuren in Wüstenlandschaften oder in weißen Kuben bzw. Rotunden sind die bestimmenden Motive. Der wichtigste *Der Verwaiser* dieser Texte ist *Der Verwaiser* (*Le Dépeupleur*), den Beckett 1966 zu schreiben begann, 1970 aber erst fertig stellte. In einem gelben Zylinder mit einem Umfang von 50 Metern und einer Höhe von 16 Metern befinden sich zahlreiche Körper. Ihre vertrocknete Haut knistert beim Gehen. Dieser Ort ist in Dämmerlicht getaucht, und die Temperatur schwankt von einem Extrem zum anderen. Unter den Körpern gibt es mehrere Klassen: die im Kreis gehenden Suchenden, die ihren »Verwaiser« suchen, die Kletterer, die auf an die Wand gelehnten Leitern einem höheren Ziel zustreben, die »halbweisen Sesshaften«, die einen ruhigen Platz ergattert haben, doch immer wieder aufspringen, um einen neuen zu suchen, und die Besiegten, die resigniert haben. In der Mitte des Zylinders sitzt die Figur »Norden«, in sich gekehrt und mit geschlossenen, leeren Augen. Nur sie ist vom mühsamen Leben erlöst. Leben, Emotionen, Farben und Wortreichtum sind diesem wie auch den anderen Texten so weit wie möglich entzogen. Doch immer wieder wallt das Leben mit seinen vergeblichen Hoffnungen und der Suche nach einem Gegenüber auf, motiviert die Entstehung der Texte und bestimmt ihre Bildlichkeit und Farbigkeit.

> »Becketts letzte Prosatexte wirken wie Meditationen, die aus jahrzehntelangen Exerzitien herzurühren scheinen. Sie beschwören [...] den Klang der Wörter, unterstützt vom Sprachrhythmus.« (Endres 1991, S. 113)

In den achtziger Jahren schreibt Beckett seine letzten Prosatexte. Sie werden immer undurchdringlicher, die Bezüglichkeiten der Personalpronomina immer komplexer. Ähnlich wie im Roman *Wie es ist* liegt in *Gesellschaft* (*Company*, 1980) ein *Gesellschaft* Hörer im Dunkeln, während eine Stimme zu ihm und über ihn spricht. Die erzählten Geschichten gleichen früheren oder sind teils sogar identisch. Sie steigen als bunte Bilder aus dem Dunkel auf: Geburt, Missverständnisse, Mutter und Sohn, Gehen und Reden, Mitleid, egozentrische Grausamkeit, Vater, Zeit und Enden. Wenn der Hörer die Stimme und ihre Geschichten als seine Erinnerungen anerkennen würde, dann besäße er eine »Identität«. Beides, Hörer und Stimme, wird aber wiederum von einer übergreifenden Instanz hervorgebracht, dem Erträumer, die sie sich zur Gesellschaft imaginiert. Es zeigt sich, dass dieser selber auch im Dunkel liegt und einer Stimme lauscht. So ist diese Instanz ein »erträumter Erträumer, das alles erträumend, um sich Gesellschaft zu leisten« (W 5, S. 200). Mit dieser unendlichen Verschachtelung von Erzählperspektiven konstruiert Beckett erneut Unwissenheit und Ohnmacht.

Schlecht gesehen schlecht gesagt (*Mal vu mal dit*, 1981) verknüpft mehrere Beckett'sche Elemente miteinander. In einem kreisförmigen Bezirk befindet sich ein kleines Haus, in dem eine alte Frau wohnt. Sie ist schwarz gekleidet, bewegt sich nur langsam und erstarrt immer wieder. Rund um ihr Haus erstreckt sich eine steinerne Leblosigkeit, erst weiter draußen gibt es noch grüne Weiden. Die Alte glaubt am Horizont »zwölf Wächter« zu erblicken. Tatsächlich wird sie jedoch von dem geistigen Auge verfolgt, aus dessen Perspektive die Erzählstimme spricht. Dieser kameragleiche Blick verfolgt sie in ihr Haus und bis in den letzten Winkel. Ähnlich wie in *Film* und *Ohio Impromptu* endet die Geschichte mit dem Verharren des Blicks und der Figur Auge in Auge; sie versinken ineinander. Damit sind die Zerrissenheit und Dualität aufgehoben.

In *Aufs Schlimmste zu* (*Worstward Ho*, 1983) schleppt sich der Text von Aussage zu Aussage, nimmt gerade Gesagtes zurück, stolpert weiter. Er erfindet einen Ort und einen Körper. Im trüben Schädel sind noch so weit Reste an Leben, dass ein Antrieb zum »weiter« da ist und er noch Assoziationsfetzen hervorstößt: starrende Augen, trottende Füße, ein alter Mann mit Kind an der Hand, der Schatten einer alten Frau, den Rücken dem Leser bzw. Betrachter zugewandt. Und unablässig ist vom Scheitern die Rede.

Ein letztes Mal geht der Geist auf Wanderschaft in *Immer noch nicht mehr* (*Stirrings Still*, geschrieben 1984-1988). Die Erzählstimme berichtet von einem Protagonisten, der mit dem Kopf in den Händen an einem Tisch sitzt, in einem von der Außenwelt abgeschlossenen Zimmer. Von draußen ist das Schlagen einer Turmuhr zu hören sowie Schreie. Eines Nachts sieht sich der Mann aufstehen und gehen, durch ein Feld mit Gras, von Ort zu Ort, ohne dass sich seine Füße bewegten. Ein Ort ist wie der andere, Raum und Zeit zerfließen, es gibt keine Orientierung mehr. Erinnernder und Erinnertes verschwimmen ineinander. Bis zuletzt beschäftigte Beckett die Frage der Unfähigkeit, die Welt zu erkennen und sie mit Worten zu erfassen, bei gleichzeitigem Verlangen, ihrem Rätsel näher zu kommen. Noch 1988, kurz vor seinem Tod, schreibt

Schlecht gesehen schlecht gesagt

Aufs Schlimmste zu

Immer noch nicht mehr

Beckett einen Text mit dem Titel *Wie soll man sagen* (*Comment dire*, 1989).

»[...]
wie soll man sagen –
angesichts all dessen –
all dessen hier –
Wahnsinn zu sehen was –
zu erspähen –
glauben zu erspähen –
glauben zu wollen zu erspähen –
weitab da drüben ganz schwach was –
Wahnsinn glauben zu wollen zu erspähen was –
was –
wie soll man sagen –

wie soll man sagen«

(Samuel Beckett, *Wie soll man sagen*, S. 10)

Werk

Wirkung

Beckett im Alltag

Bis in die Mitte der neunziger Jahre schmückte ein ausdrucksstarkes Schwarzweißfoto die Medienredaktion der Berliner *tageszeitung*: ein Mann mit grauweißem Haarschopf und faltenzerfurchtem Gesicht, das scharfkantige Halbprofil vorteilhaft ins gleißende Licht gerückt, so dass auch die intensiv blickenden, hellen Raubvogelaugen günstig hervorgehoben waren. Zwischen den Lippen klebte lässig eine qualmende Zigarette. Darunter hatte ein Redaktionsmitglied geschrieben: »Rauchen verboten!«

Im Juni 2003 tat ein Mann vor großem Publikum folgenden Ausspruch: »Wird es enden? Es endet. Das ist es.« Diese rätselhaften Zeilen kamen nicht etwa aus dem Mund eines Schauspielers, der auf die lapidaren Eingangsworte aus *Endspiel*, S. 87 ff. Becketts *Endspiel* – »Ende, es ist zu Ende, es geht zu Ende, es geht vielleicht zu Ende« – anspielen wollte. Die kryptische

Vom *Endspiel* inspirierte Werbung in den USA: »Wir sollten Pensionen verfügbar machen – nicht die Pensionäre entsorgen«, Ende der fünfziger Jahre

Aussage stammte vielmehr von US-Verteidigungsminister Donald Rumsfeld. Sie war als Beschwichtigungsgeste an die kritischen Teilnehmer einer Sicherheitskonferenz gerichtet und sollte Bedenken zerstreuen, der zweite Irakkrieg könne sich so lange hinziehen wie der Vietnamkrieg (*Süddeutsche Zeitung*, 4. Juni 2003, S. 12). Das rhetorisch Typische dieser Politikerprosa, bei knappster Syntax gleichzeitig apodiktisch und vage zu sein, erinnerte nicht wenige Hörer oder Leser dieser Sätze an die Beckett'sche Eigenart, Sprache gleichzeitig schlicht und effektvoll zu gestalten. Woran zu erkennen ist, wie sehr nicht nur das Foto, sondern auch Becketts Schreibstil ins allgemeine Bewusstsein eingedrungen sind und ihn zur populären Ikone gemacht haben. Die Werbung hatte Becketts eindringlich starke Bilder schon

Godot wirbt für die italienische Schuhfirma »Unovobis«, Neapel 2002

zu seinen Lebzeiten entdeckt, wie eine amerikanische Anzeige belegt, die für eine sichere Altersversorgung eintritt: Hier ist ein älteres Paar in Mülltonnen sitzend abgebildet; der Begleittext legt nahe, man solle für eine ausreichende Rente sorgen, statt die Pensionäre zu ›entsorgen‹.

Ebenfalls einen starken Nachhall im allgemeinen Bewusstsein hat die sprichwörtliche Kargheit von Becketts (Bühnen)Räumen, wie eine Szene aus Peter Greenaways Fernsehdokumentation *Inside Rooms: 26 Bathrooms* (1985) veranschaulicht. Hier wurden, nach den Buchstaben des Alphabets geordnet, Menschen anhand ihrer Badezimmer porträtiert. Unter »S« stellte ein Herr seinen strengen, geradezu grimmig funktional eingerichteten Zweckraum vor, den er »Samuel Beckett Memorial Bathroom« getauft hatte. Martin Esslin beklagte sich im März 1996, gerade wieder habe in der *New York Times* gestanden, der amerikanische Congress sei »ein absurdes Theater« gewesen, und immer zitiere man aus seiner Studie *Das Theater des Absurden* nur klischeehaft den Titel (Esslin 1996). Aber man zitiert ihn. Und wie steht es mit der Kenntnis von Becketts Œuvre? Es taucht auf den Seminarplänen von Universitäten oder Kunsthochschulen ebenso auf wie im Programm der Theater, Rundfunkanstalten, der Opern oder Kunsthallen. Spuren seines Werks lassen sich in heutigen Kunstwerken, Literaturen und Kompositionen finden. Ganz sicher sähen große Teile unserer Kulturlandschaft heute anders aus, hätte es diesen Autor nicht gegeben. Doch wie fing alles an?

Aufruhr und Aufbruch im Theater

Am Abend des 23. Januar 1953 wurde dem bürgerlichen Illusionstheater ein Schock versetzt, der den gesamten westlichen Kulturbetrieb erschütterte. Alles ging aus vom kleinen Pariser Théâtre de Babylone, an dem verlottert gekleidete Schauspieler in einem Stück auftraten, das konzipiert worden war von einem zurückhaltenden Autor, der sich in seine Wohnung in einem Pariser Mietshaus zurückgezogen hatte, um 1948/49 *Warten auf Godot* zu schreiben. In seinem Misstrauen gegenüber den Konventionen der Erzählkunst und Dramatik, denen er die Fähigkeit absprach, eine vitale Darstellung erlebter Wirklichkeit zu sein, hatte der 47-jährige Samuel Beckett einen Coup gelandet, der sein Publikum nicht kalt ließ. Die

Vgl. S. 52 f. Zuschauer waren zunächst verblüfft und reagierten dann entweder begeistert oder vor den Kopf gestoßen. Aber gepackt waren sie immer, wie Alain Robbe-Grillet in einer zeitgenössischen Kritik bemerkte: »Das Stück [›hielt‹] die ganzen […] Stunden hindurch, ohne loszulassen – obwohl es aus dem Nichts gemacht ist; ohne abzusacken – obwohl es anscheinend weder einen Grund hat, von der Stelle, noch zu einem Ende zu kommen. Die Zuschauer […] mögen mitunter außer Fassung geraten, aber sie bleiben aufmerksam.« (zit. n. Birkenhauer 1971, S. 163)

Innerhalb der ersten vier Jahre wurde *Warten auf Godot* von über einer Million Zuschauer gesehen, was ein großer Zuspruch ist für eine derart rätselhafte, ja radikale Weigerung, den Konventionen des Theaters zu entsprechen: Es gab keinen Plot, keine Geschichte, keine subtil-psychologische Charakterisierung oder Motivation der Figuren und statt gebauter Dialoge (scheinbar) zielloses Geplauder und clowneske Sprachspiele.

Mit diesem Neustart von Theatersprache und Theaterästhetik tat man sich von Anfang an auch schwer. So kam es immer wieder vor, dass Schauspieler der ›alten Schule‹ nach dem ersten Durchlesen des *Godot* von Produktionen absprangen, weil sie »einfach nicht wusste[n], worum es in dem Stück ging« (der Regisseur Herbert Blau; zit. n. Worth 2004, S. 209). Oder dass die Presse missgünstig titelte, die Pariser Künstler-

Entspannte
Avantgarde:
Beckett mit Alain
Robbe-Grillet

clique könne ihr Zeug behalten. Dagegen hatte die künstlerische Avantgarde der fünfziger Jahre mit der Uraufführung
›ihren‹ Theaterautor gefunden, nicht nur weil der *Godot* als
»dramaturgische Entsprechung des Neuen Romans, der
Neuen Musik, der Neuen Malerei« aufgefasst wurde (Hans
Weigel; zit. n. Völker 1986, S. 42), sondern weil die Kollegen
die neue Qualität erkannten. Wieder war es Robbe-Grillet,
der sagte, man könne vor diesem Autor nur bewundernd den
Hut ziehen und um ein bisschen Talent beten.

Denn genau weil dieses Stück spannungsvoll, ökonomisch
und dabei geradezu virtuos »aus dem Nichts gemacht« schien
– eine Formulierung, die stark eine zeitgenössische Themati-
sierung der existentiellen Leere des Da-
seins spiegelt –, fühlten sich andere Autoren in ihrem eigenen Ansatz bestätigt
und vom Ballast der Theaterkonventio-
nen befreit. 1954, ein Jahr nach der Pariser *Godot*-Premiere, erklärte etwa der
britische Nachwuchsdramatiker Harold

> »Dieses Stück macht es mir und allen
> anderen leichter, frei von Zwang für
> das Theater zu schreiben.« (Der ameri-
> kanische Schriftsteller und Pulitzer-
> preisträger William Saroyan; zit. n. Ess-
> lin 1987, S. 28)

Pinter (ein späterer Freund Becketts und Literatur-Nobel-
preisträger 2005), dass gerade die konsequente formale wie
thematische Radikalität Becketts ihn, den gesellschaftlich engagierten Autor, beflügelte: »Je weiter er geht«, schrieb Pinter,
»desto besser geht es mir. Ich will keine philosophischen Er-

kenntnisse, keine Traktate, Dogmen, Glaubenssätze, Auswege, Wahrheiten, Antworten, nichts aus dem Sonderangebotskasten. Er ist der mutigste und unbarmherzigste Schriftsteller, den es zur Zeit gibt.« (zit. n. Birkenhauer 1971, S.165) Dem schnell einsetzenden Vorwurf, Beckett sei indifferent und zelebriere die Hässlichkeit des menschlichen Unglücks, hielt der 24-Jährige entgegen: »[…] je mehr er meine Nase im Dreck wetzt, um so dankbarer bin ich ihm« (ebd.). Die schonungslos strenge Klarheit Becketts beeindruckte und beeinflusste auch andere Vertreter von Pinters Generation wie etwa Norman F. Simpson und später Tom Stoppard, oder in den USA Edward Albee und Jack Gelber sowie später Sam Shepard und David Mamet. Nach den ideologischen Auswüchsen des Zweiten Weltkriegs verlangten sie etwas Wahrhaftiges, Echtes, Schnörkelloses. Darum gefiel diesen Jungautoren, dass die unverbindliche augenzwinkernde Übereinstimmung mit einem unterhaltungswilligen Publikum, die das britische Mainstream-Theater der Zeit ausmachte, bei Beckett Lichtjahre entfernt war. Hier spielte keiner lustig herum oder verkaufte lautstark seine politische Offenbarung, sondern ging auf seine speziell unaufdringliche Art klar auf die Grundprobleme des Menschseins ein. Die Jungen fühlten sich ernst genommen.

Was soll, was darf die Literatur nach 1945?

Doch Becketts Werk polarisierte auch von Anfang an seine Kommentatoren: Der irische Bühnenautor Sean O'Casey sah den »Fall Beckett« beispielsweise ganz anders als Pinter und meinte 1956 achselzuckend: »Beckett? Ich habe nichts mit Beckett zu tun […]. Ich warte nicht auf Godot […]. Daß Beckett ein gescheiter Schriftsteller ist und daß er ein hundsmiserables und bemerkenswertes Stück geschrieben hat, steht außer Zweifel; aber seine Philosophie ist nicht die meine, denn bei ihm gibt es kein Sich-einsetzen für die Hoffnung, keine Sehnsucht nach ihr; nur Lust an der Verzweiflung und Wehgeschrei.« (zit. n. Birkenhauer 1971, S.165) Dennoch veränderte Beckett nicht nur die europäische, sondern auch die britische Theaterlandschaft. Vor allem, weil der *Godot* kurzen

Prozess machte »mit den Fesseln des Plots«, wie der Londoner Theaterkritiker Harold Hobson schrieb. »Er zerstörte die Überzeugung«, heißt es weiter, »der Dramatiker sei ein Gott, der alles über seine Figuren weiß, und eine vollständige Philosophie parat hat, mit der all unsere Probleme gelöst werden können.« (zit. n. Gontarski 1994, S. 76)

Es gab auch Autoren, die unter Legitimationsdruck zu geraten schienen, da der formale Konventionsbruch und die scheinbare Sinnleere dieses Stücks sie herausforderten, die eigene Vorstellung von der Aufgabe und Gestalt des Theaters klarzustellen. Egal, wie man zum *Godot* stand, das Stück war da und zwang einen, sich zu ihm zu verhalten. Als einer der Ersten erkannte Jean Anouilh das souveräne Zusammenspiel von Philosophie und Komik (das später Tom Stoppard glänzend weiterentwickelte), und der *Godot* kam ihm vor wie ein Sketch der »*Pensées* von Pascal, gespielt von den Fratellini« (zit. n. Birkenhauer 1971, S. 164). Er maß dem Premiereabend die gleiche historische Bedeutung zu wie der Uraufführung von Pirandellos *Sechs Personen suchen einen Autor* (1921) – einem Stück, dem Becketts *Godot* tatsächlich einiges verdankt.

Als mit der schlagartig einsetzenden Berühmtheit des *Godot* die Debattierstimmung hochkochte, setzte fast zwangsläufig auch eine Flut von Auseinandersetzungen mit dem Autor ein, und die ersten ausdrucksstarken Porträtfotos dieses hageren Mannes mit dem Raubvogelgesicht kamen auf den Markt. Das Interesse von Kulturbetrieb und Medien wuchs noch, als klar wurde, dass es sich bei dem Schriftsteller um einen äußerst zurückhaltenden Menschen handelte. Von Journalisten, Regisseuren und Schauspielern wurde der Schweigsame mit Fragen bombardiert, die für sich genommen ein Zeichen dafür waren, wie wenig man in den fünfziger Jahren formal und motivisch ›offene Stücke‹ wie *Warten auf Godot* gewöhnt war. In den heutigen ›postdramatischen‹ Zeiten, zu deren Wegbereitern Beckett gezählt werden kann, ist dies kaum mehr nachvollziehbar. Wer Godot sei, wollte man vor allem wissen, Gott etwa? Becketts stereotype Antwort lautete, wenn er Gott gemeint hätte, hätte er das in seinem Stück gesagt.

Spiegel der Wirklichkeit?

Die aufgeregten Fragen zur ›Philosophie‹ des Stücks sind vielleicht aus der Situation der Nachkriegszeit zu verstehen: In den Trümmern Europas und entsetzt von den Gräueln des Zweiten Weltkriegs, erwartete man von der Kunst konkretere und ›konstruktivere‹ Antworten als die, dass alles eben sei, wie es ist. »Verzweifelt«, »pessimistisch«, eine »Literatur der Niederlage« – so lautete ungefähr das Gros der negativen, der verwirrten Pressestimmen dieser Jahre, und darum ließen auch die Frager nicht locker. Warum tat der Autor das? Beckett wurde zur Verantwortung gezogen für seine weltanschaulichen Anspielungen und die Position des »Nichts zu machen«, wie der erste Satz des *Godot* lautet. Das Thema wurde jahrelang debattiert, so dass Beckett noch 1961 in einem Gespräch mit dem merikanischen Theologen und Theaterwissenschaftler Tom Driver klarstellte, er persönlich habe ja das Unglück nicht erfunden. Weitere sechs Jahre später sprach er im Beisein des Filmemachers Erwin Leiser aus, worum es ihm im Grunde ging: »Eigentlich hat noch keiner gewagt zu sagen, was es bedeutet, auf dieser Welt zu sein.« (zit. n. Völker 1986, S. 80) Doch solche Aussagen waren selten. Und weil sich der Autor den Ratespielen entzog und darauf hinwies, er habe alles aufgeschrieben, was er wisse, entwickelte sich um sein Werk eine interpretatorische Eigendynamik.

> »*Warten auf Godot* [ist] das Konzentrat der verzweifelten Stimmung im heutigen Europa.« (Der amerikanische Publizist Harold Clurman; zit. n. Driver 1961, S. 217)

Vgl. Warten auf Godot, S. 52 f. Wie neu und anders *Warten auf Godot* 1953 im Nachkriegseuropa gewirkt hat, lässt sich zwar anhand der leidenschaftlichen Reaktionen ablesen. Das ursprüngliche Gefühl ist aber heute, nach über 50 Jahren Wirkungsgeschichte *Godot,* fast nicht mehr zu vermitteln. Dies bestätigt auch Herbert Blau, ein Regisseur der ersten Stunde. Er hatte 1957 das Experiment *Vgl. S. 58* gewagt, die Avantgarde ›ins Zuchthaus zu bringen‹, und seine Inszenierung mit Insassen des kalifornischen Gefängnisses San Quentin wurde zum sensationellen Erfolg. Für Martin Esslin war das spontane Verständnis dieses speziellen, in kulturellen Dingen ›unbelasteten‹ Publikums ein Beleg für die universale Aussagekraft von Becketts Theatersprache. Vielleicht, so vermutet er, hätten die Zuchthäusler das Stück sofort verstanden, weil ihnen keine Bildungserwartungen im Weg standen (vgl. Esslin 1987, S. 11). Womit der *Godot* eine Forderung eingelöst hätte, die Beckett immer wieder formulierte: Kunst solle den Leuten unter die Haut gehen und nicht primär ihren Kopf ansprechen.

Die universelle Verständlichkeit des Stücks führte auch dazu, dass *Warten auf Godot* als Metapher in zahlreichen politischen und kulturellen Kontexten sehr frei inszeniert wurde. Das geschah nicht immer zu Becketts Freude, und da er seine eigene Konzeption sehr genau umgesetzt sehen wollte, hatte er über die Jahre alle Hände voll zu tun, nicht autorisierte Interpretationen oder Adaptionen seiner Werke zu verhindern. Im amerikanischen Rassenkonflikt wurde *Godot* in einer rein schwarzen Besetzung aufgeführt, dann wieder von Frauen im feministischen Kontext gespielt. In Dresden war er 1987 als Ruf nach Glasnost zu verstehen (»Wir warten auf Gorba ...«), und

Die dreisprachige Ausgabe von *Warten auf Godot*, 1971 als suhrkamp taschenbuch Nr. 1 erschienen

1993 glaubte Susan Sontag, das Stück im von Serben beschossenen Sarajevo als Illustration der Gefühle der Menschen umsetzen zu müssen. Wie immer man zu diesen ›wilden‹ Inszenierungen stehen mag, klar wird, dass das Stück jedes Mal den Status eines wahren Kunstereignisses erreicht, das sich nach Diedrich Diederichsen »auf eine gemeinsame Erfahrungswelt und eine daraus hervorgehende große Frage der Zuschauer beziehen [muss]« (*die tageszeitung*, 1. Dezember 2005).

Kunst oder Leben! Beckett als Kampfbegriff

Eine kontroverse Wertung von Becketts Leistung bestimmte von Anfang an die Rezeption seines Werks, was aus kulturhistorischer Perspektive äußerst interessant ist. Die jeweilige Einstellung kann als Spiegel der Zeitbefindlichkeit oder als ästhetisches und weltanschauliches Bekenntnis des entsprechenden Interpreten gelesen werden. Nicht nur das: Becketts Œuvre ist in ästhetischer, motivischer und formaler Hinsicht

derart vielschichtig, dass es eine weit gestreute Wirkung in
den unterschiedlichsten Kunstbereichen erzielt hat. Und
darum wurden seine Arbeiten bereits früh nicht mehr nur
als Kunstprodukte eines Schriftstellers betrachtet, sondern
»Beckett« wurde zum Kampfbegriff, den man in leidenschaftlichen Konfrontationen um die Frage eines demonstrativen
politischen oder auch des ›realistischen‹ gegen ein ›vages‹,
poetisches Theater einsetzen konnte.

> »Ich mag Brecht nicht, weil er didaktisch und ideologisch ist [..]
> Er ist nicht schlicht und einfach, er ist ein Vereinfacher [...]
> Beckett ist essentiell tragisch. Tragisch, weil bei ihm tatsächlich
> das Ganze der condition humaine ins Spiel kommt und nicht
> der Mensch in dieser oder jener Gesellschaft [...]. Das Ge-
> schichts- und Menschenbild, das dieser Autor gibt, ist komple-
> xer, gründlicher fundiert.« (Der Dramatiker Eugène Ionesco; zit.
> n. Fuegi 1975, S. 190)

Beckett hatte diese Debatte gewissermaßen selbst eingeleitet –
allerdings kurioserweise, bevor er den *Godot* schrieb. Nicht
nur in seinem frühen Essay über Joyce von 1929 (*Dante …*
Vgl. S. 25   *Bruno. Vico .. Joyce*), sondern auch mit dem polemischen Auf-
Vgl. S. 46 f. satz über die Malerbrüder van Velde aus dem Jahr 1945/46
(*Die Welt und die Hose*) greift er nicht nur die Forderung der
Zeit an, Kunst müsse engagiert die Belange des Menschen
aufgreifen und damit »human« sein (ebd., S. 41 f.). Er geht auch
gegen den »realistischen« Künstler vor, dessen Werke zwar
noch immer entzückten, der allerdings nicht so tun solle, als
bilde er die Welt objektiv ab. Denn »wenn es ein Milieu gibt,
in dem man besser nicht von Objektivität spricht, dann ist es
eben das, das er durchstreift unter seinem Sonnenhut« (*Die
Welt und die Hose*, S. 27). Dass Beckett diese realismusfeind-
liche Haltung mit der entwaffnenden Aussage »nichts zu machen« aus dem *Godot* verband und mit einer bewusst ›dilet-
tantischen‹ dramaturgischen wie thematischen Einfachheit
ausdrückte, provozierte Teile der intellektuellen Linken.
Der Schweizer Publizist und Brechtkenner Gody Suter schrieb
1959 nach einer Aufführung des *Endspiels* in der *Weltwoche*,

Beckett handele immer nur beharrlich sein »Themenkreislein« ab und würde darum »schließlich als Spezialist anerkannt, wenn andere seine Spezialität besser und überzeugender, aber nur nebenbei oder ein einziges Mal angebracht haben« (zit. n. Birkenhauer 1971, S. 166). Zu diesem Zeitpunkt hatte sich das ›für‹ oder ›gegen‹ Beckett in manchen Kreisen bereits zu einer Auseinandersetzung um die beiden Extrempole der zeitgenössischen Dramatik verengt: zu einem ›Beckett gegen Brecht‹.

Beckett, Brecht, Müller

Brecht selbst hat zwar vermutlich keine Inszenierung des *Godot* gesehen, er machte sich jedoch 1956 an eine Bearbeitung des ›Kultstücks‹. Dabei soll er zunächst die Absicht gehegt haben, Beckett in einem inszenatorischen Gegenentwurf zu widerlegen. In seiner eigenen Fassung gab er den Figuren Zusatztitel: Wie die Randnotizen seines Textexemplars zeigen, sollte aus Estragon »ein Prolet« werden, aus Wladimir »ein Intellektueller«, aus Lucky »ein Esel als Polizist«, und Pozzo wurde, mit einem »von« geadelt, zum »Gutsbesitzer« (Völker 1986, S. 48). Während sich vorne auf der Bühne der kapitalistische Stillstand abspielen sollte, hatte Brecht für den Bühnenhintergrund eine Vorführung von Dokumentarfilmen über den revolutionären Aufbruch etwa der Sowjetunion oder China vorgesehen. Der Brechtkommentatorin Käthe Rülicke-Weiler zufolge wurde damit die Absicht verfolgt, »die Falschheit und Komik dieser [Becketts] subjektivistischen Fehlinterpretation der Welt« herauszustellen (zit. n. Fuegi 1975, S. 188). Brechts Biograph John Fuegi vertritt allerdings die Meinung, dies drücke eher die Beckett-feindliche Haltung des damaligen Berliner Ensembles aus als die Brechts (ebd.). Der soll durchaus die Qualitäten Becketts geschätzt haben, was auch der Theaterwissenschaftler Klaus Völker mit der Bemerkung bestätigte, »daß es sich [bei *Warten auf Godot*] um ein Stück im Geist Charlie Chaplins handelte« (Völker 1986, S. 48), und den bewunderte Brecht sehr.

> »Man kann eigentlich alles vergleichen, man kann natürlich auch Beckett und Brecht vergleichen.« (Der Brechtforscher Werner Hecht 1970; zit. n. Fuegi 1975, S. 185)

Der von Beckett geschätzte ›Dramatiker des Absurden‹, Eugène Ionesco, verteidigte wiederum seinen Kollegen gegen Brecht und brachte damit, ein wenig unfair diesem gegenüber, die von der Pariser Avantgarde vertretene Ablehnung des Realismus in Position. Wie Beckett verwarfen er und weitere Vertreter des »Absurden Theaters« (Martin Esslin) eine oberflächliche Abbildung der Wirklichkeit wie den Zwang zum logischen Plot, der plastischen Charakterdarstellung und des ›sinnvollen‹ Dialogs. Ihre Figuren waren dagegen bewusst marionettenhaft, die Sprache lief aus dem Ruder, und neben ihr und den Personen wurden als gleichberechtigte Sinnträger Teile des Bühnenapparats eingesetzt: Beleuchtung, Requisite oder Bühnenbild. Dies sind allesamt Voraussetzungen für das heutige postdramatische Bildertheater etwa des amerikanischen Theatererneuerers Robert Wilson, der seine bahnbrechenden Experimente zwischen Oper, Ballett, Theater und bildender Kunst seit den achtziger Jahren bevorzugt in Deutschland umsetzt.

»Alles, was die westdeutsche Dramatik macht, bleibt weit unter Beckett.« (Der Dramatiker Heiner Müller; zit. n. Fuhrmann 1988, S. 159)

Mit einem Zeitabstand von über 20 Jahren konnte Heiner Müller Brechts Versuch, das Beckett'sche Weltbild gegen sozialistische Ideale auszuspielen, souverän und gelassen sehen. Auf einer New Yorker Tagung zur Postmoderne bezeichnete er 1978 Brechts Umgang mit *Godot* als »eine sehr pauschale«, »eine zu flache Art, sich damit auseinanderzusetzen«. Interessant sei ja viel eher, »herauszufinden, warum das [Werk Becketts] auch auf Marxisten wirkt, zum Beispiel auf mich« (zit. n. Fuhrmann 1988, S. 161). In einer Zeit, als Beckett in der DDR unter der negativen Einschätzung durch Georg Lukács noch als zersetzender Vertreter der ›bürgerlichen Dekadenz‹ ignoriert wurde, führte Müller den Nobelpreisträger als einzigen noch lebenden Großmeister des 20. Jahrhunderts an und zitierte etwa Becketts Pantomime *Spiel ohne Worte II* (1959) direkt in seinem *Nachtstück* aus *Germania Tod in Berlin* (1978). Müller schätzte Beckett als Vorbild wegen seiner stilistischen Stringenz, seiner Ökonomie der Mittel und des Spielcharakters seiner Stücke.

Beckett im westdeutschen Literaturbetrieb

Müller zufolge blieb die zeitgenössische deutschsprachige Dramatik des Westens weit hinter Beckett zurück, und die von ihm gering geschätzten Vertreter dieser Dramatik (etwa Thomas Bernhard) waren ihrerseits in den späten sechziger und frühen siebziger Jahren aus genau denselben Gründen wie ihr ostdeutscher Kollege von Beckett beeindruckt. Seit der deutschen Uraufführung von *Warten auf Godot* spielten sich alle neuen Experimente des Wahlfranzosen ja brandaktuell vor ihrer Haustür ab. Durch Becketts häufige Regieaufenthalte in der Berliner Schiller-Theater-Werkstatt war er dort so etwas wie ein »Hausheiliger« geworden, wie sein Intendant Boleslaw Barlog bemerkte. Sein deutscher Verlag, Suhrkamp, bemühte sich mit dreisprachigen Werkausgaben und konzisen Materialbänden um die Vermittlung seines Œuvre und brachte Becketts neueste Texte schnell und sehr sorgfältig übersetzt immer in enger Absprache mit dem Autor selbst heraus. Der Süddeutsche Rundfunk ließ ihn seine experimentellen Fernsehgedichte realisieren – all das machte Beckett fast zum Phänomen des westdeutschen (oder deutschsprachigen) Kulturbetriebs. Zunächst war im stark zerstörten Nachkriegsdeutschland auch das Parodistisch-Parabelhafte des »Absurden Theaters« offenbar gut angekommen. Martin Esslin konnte Spuren der Beckettrezeption in den frühen Stücken von Wolfgang Hildesheimer und Günter Grass nachweisen, Peter Handkes frühe Stücke verdanken der rigorosen Sprachkritik Becketts viel. Auch in der Dramatik von Max Frisch lassen sich Ähnlichkeiten herauslesen, und Thomas Bernhard wurde mit dem Zunamen »Alpen-Beckett« bedacht (zit. n. Murphy et al. 1994, S. 110). Theodor W. Adornos Aufsatz *Versuch, das Endspiel zu verstehen* (1961) zeigt dann, wie sich die philosophisch-wissenschaftliche Interpretation von dem zu lösen begann, was der Autor selbst beabsichtigte. Bei einer vom Suhrkamp Verlag ausgerichteten Feierstunde zu Ehren Becketts trug Adorno seine Auslegung der Namensgebung im *Endspiel* vor: »Hamm« leite sich von »Hamlet« her, und »Clov« sei ein »ver-

»Wem Beckett bis heute nichts zu sagen hat, dem ist nicht zu helfen.« (Der Schriftsteller Wolfgang Hildesheimer im Jahr 1967; zit. n. Brockmeier 2005, S. 201)

Wirkung

krüppelter Clown« (zit. n. Knowlson 2001, S. 602). Seine These hatte Adorno mittags bereits dem Autor persönlich vorgestellt, und dieser hatte heftig widersprochen. Als Adorno abends dennoch unbeirrt seine These aufrechterhielt, ohne den Einspruch Becketts zu erwähnen, flüsterte dieser seinem Verleger Siegfried Unseld ins Ohr: »Das ist der Fortschritt der Wissenschaft, daß die Professoren mit ihren Irrtümern weitermachen können!« (ebd.) Es fiel Beckett wohl schwer anzuerkennen, dass sein Werk nun Klassikerstatus erreicht hatte und damit der Philosophie oder Literaturwissenschaft zur Interpretation übergegeben war. Gleichzeitig hat die (inzwischen fast unüberschaubar gewordene) wissenschaftliche Beckettkritik über die Jahre erkennen müssen, dass das überaus originelle, zwischen den Medien- und Genregrenzen pendelnde Werk dieses Autors sich vielen traditionellen Untersuchungsmethoden verschließt. Becketts Œuvre wirkte sich daher seit den frühen siebziger Jahren auch immens vitalisierend auf den literarhistorischen Umgang mit neuerer Literatur aus.

> »Beckett und Joyce sind Berge, die man einmal im Leben erklimmen muss.« (Der Schriftsteller Stanisław Lem in einem Gespräch mit Raymond Federman; Federman 1996)

Ab Mitte der sechziger Jahre gab es in Westdeutschland eine Tendenz zum ›Beckett-Epigonentum‹. Darauf lässt eine Bemerkung des Schriftstellers und Publizisten Alfred Andersch schließen, der die literarische Ich-Zentriertheit und Weltabgewandtheit der »Beckett-Côterien (nicht Becketts selbst)« kritisiert (Andersch 1979, S. 115). Andersch bewunderte das Werk Becketts sehr, vertrat allerdings auch die Position eines sich aktiv in die Gesellschaft einmischenden Realismus, einer engagierten Literatur, die eine Aufklärung und damit den direkten Eingriff in politische Zusammenhänge forderte. Sartre hatte diese Haltung mit seinem Ausruf zugespitzt, Bücher und Bananen seien verderbliche Ware und müssten schnell konsumiert werden (Brockmeier 2005, S. 198) – eine von Beckett grundverschiedene Position, der in Kunstdingen der Meinung war, da Gemälde »keine Würstchen« sind, seien »sie weder gut noch schlecht« (*Die Welt und die Hose*, S. 19).

Um das gesellschaftspolitische Stichjahr 1968 herum fand in

Teilen des Literaturbetriebs ein leichter Umschwung in der Beckettwertung statt: Angesichts des Vietnamkriegs erschien die stilisierte Kunst des ›Klassikers Beckett‹ einer jüngeren, alltagspolitisch interessierten Generation zu ›ästhetisch‹ und nicht ›engagé‹ genug. Botho Strauß stellte sich selbst die rhetorische Frage, ob »Beckett, our contemporary, unser Autor« sei, und beantwortete sie im Namen der 68er-Bewegung: »Ein gut Teil Irrationalität, die das Stück bei seiner Entstehung möglicherweise noch inspiriert haben mag, ist unserem Bewußtsein auf solche Weise mittlerweile abhanden gekommen.« Er schloss mit dem Aufruf: »Also, suchen wir jetzt den Autor, der uns die Gesetze dieser ausweglosen Banalität enthüllt, mit denen das Undenkbare zusehends in unsere Wirklichkeit überführt wird.« (Strauß; zit. n. Engelhardt 1984, S. 128) Der Schriftsteller Wolfgang Hildesheimer war allerdings der Meinung, dass Becketts Ich-Erzähler »neue Räume [aufbaut. Es ist ein] extrem engagiertes Ich, das über keine Thesen verfügt, da es selbst eine ist« (zit. n. Brockmeier 2005, S. 200). In der deutschen Debatte um die Aufgaben der Literatur geriet die französische Avantgarde und mit ihr Beckett in Verruf, wie Peter Brockmeier dargestellt hat (Brockmeier 2005, S. 192 ff.). Er berichtet, wie sich etwa Stefan Andres dagegen aussprach, »dass die ›Pariser Dramatiker‹ – Beckett, Ionesco, Schehadé, Adamov, Audiberti – ›auch noch das Denken als sinnvolles Tun‹ verwürfen« (Brockmeier 2005, S. 196). Ein solcher Subjektivismus führe ins Leere, meinte Reinhard Baumgart, und schaffe keine »Verbindlichkeit«, keinen gemeinsamen Verhaltenskodex (ebd.). Auch Martin Walser bevorzugte gegenüber dem formalistischen »Endspiel« (Walser) der französischen Avantgarde das »kritische und damit realistische« Schreiben (ebd., S. 197).

Osteuropa

Unterdessen entwickelte sich in Osteuropa unter dem Druck der staatlichen Überwachung das spezifisch ›östliche Absurde‹, eine kraftvolle poetische Sprache des Undeutlichen, die aus der alogischen Handlungsstruktur von Märchen, Träumen und symbolistischen Bildern gestaltet war. Diese

Variante des Absurden stand zunächst in der Tradition Witold Gombrowicz' und Isaak Babels und bereitete den Boden für eine außerordentlich lang andauernde, fruchtbare Beckettrezeption, die bis in die osteuropäische Film- und Hörspielproduktion noch der neunziger Jahre zu verfolgen ist. Wie die polnische Uraufführung von *Warten auf Godot* (1965) zeigte, verstand das Publikum dieses, in Westeuropa nun als »unpolitisch« gescholtene, Theaterstück spontan als Darstellung seines Wunsches nach mehr demokratischer Offenheit (Esslin 1987, S. 340).

In der Folge wurden die indirekte, metaphorische, traum- oder märchenhafte Sprache und Bilderwelt des »Absurden Theaters« für die Darstellung des sozialistischen Systems aus einem subversiven künstlerischen Blickwinkel verfeinert. Zu den bekanntesten Autoren dieser Richtung zählen Václav Havel (für den Beckett 1982 das Stück *Katastrophe* schrieb) und Sławomir Mrożek in Polen sowie Pavel Kohout und Milan Kundera in der damaligen Tschechoslowakei.

Medienkünstler Beckett

Katastrophe, vgl. S. 51 u. 108

Während sich der (west)europäische Kultur- und Theaterbetrieb zum wiederholten Mal über die Aktualität Becketts verständigte, verlagerte der Autor selbst seine Experimente zusehends auf das damals brandneue Gebiet der Medienkunst. Bereits in seinem ersten Originalhörspiel *Alle die da fallen* (1957) hatte er nicht nur mit dem Wort als Klang und mit rhythmisch gesetzten Pausen gearbeitet, er hatte sich auch eine ungewöhnliche, geradezu hyperrealistische Geräuschbehandlung gewünscht. Eine Vorgabe, die der BBC-Hörspielabteilung einigen technischen Erfindungsreichtum abverlangte und nach abgeschlossener Produktion zur Gründung eines akustischen Forschungslabors führte, des radiophonic workshop, der den Hörspielstil der Abteilung verändern sollte. Die folgenden Hörstücke Becketts arbeiteten immer stärker mit einer gleichberechtigten Komposition von Worten, Pausen, Geräuschen und Klängen und bewegten sich damit weg vom klassischen Hörspiel als ›Theater für Blinde‹ hin zur Klangkunst.

Der Autor zwi-
schen Radio und
Schreibtisch:
Zeichnung
Becketts aus dem
Watt-Manuskript

Ähnlich wie die neuen Filme der »Nouvelle Vague« im Frankreich der sechziger Jahre interessierte sich auch Beckett für das
Verhältnis zwischen Optik und Poesie. Mit seinem Debüt als
Filmautor (*Film*, 1964) konnte dieses Interesse endlich umgesetzt werden. Ab 1965 wandte er sich der Arbeit fürs Fernsehen zu. Was in diesen Jahren in den Studios des Süddeutschen
Rundfunks (und der BBC) entstand, wurde in der Kulturlandschaft größtenteils positiv aufgenommen – wenn es auch
immer wieder die inzwischen altbekannten Angriffe wegen
der »poetischen Abgehobenheit« und »Unverständlichkeit«
des Autors gab. Der britische Dramatiker Dennis Potter etwa
fragte polemisch in seiner Kritik der Fernsehfilme *Nicht Ich*,

Vgl. S. 62 f.

Geistertrio und ...*nur noch Gewölk...*, die 1977 unter dem Titel *Shades* (*Schatten*) von der BBC ausgestrahlt worden waren: »Hätte Solschenizyn das wohl verstanden? Oder die Juden auf dem Weg zur Gaskammer? Frage: Ist das die Kunst, die eine Antwort darstellt auf die Verzweiflung und das Elend unseres Zeitalters, oder ist das aus der Art von Sinnverlassenheit entstanden, die solchen Schändungen des Geistes, solchem Ideologiendreck Vorschub leistet?« (zit. n. Knowlson 2001, S. 795)

Beckett in der bildenden Kunst

Einmal abgesehen davon, dass es Holocaustüberlebende wie der Schriftsteller Raymond Federman oder der Autor und Regisseur George Tabori waren, die gerade in den poetisch-archaischen Bildern Becketts eine entlastende Wirkung feststellten, qualifizierte sich der inzwischen über 60-jährige Beckett mit den radikal innovativen Fernsehgedichten auch für die bildende Kunst. Dies geschah zunächst, ohne dass der traditionelle Theater- oder Literaturbetrieb zu bemerken schien, dass der Schriftsteller hier nicht nur ästhetisches Neuland betrat, sondern auch sein Fach wechselte. Während eine jüngere Generation von Videokünstlern bis heute fasziniert ist von der in Becketts Medienarbeiten typischen Mischung aus äußerster formaler Präzision, sinnlicher Direktheit und imaginativer Suggestion, schrieb man in Deutschland etwas müde geworden vom »Alten Theater des Samuel Beckett« (Sibylle Wirsing, *Frankfurter Allgemeine Zeitung*, 12. Februar 1982). Während also im deutschen Theaterfeuilleton vermutet wurde, »es [bliebe für diesen Autor] nichts mehr zu sagen« (Wirsing 1982) oder »als winke Beckett mit seinen toten Fingern aus einem Reich, wo das Leben schon längst vorbei

»Ich war immer beeindruckt vom Spiel der Worte, einen Satz so machen, dass man ihn immer wieder verändern kann und dabei neue Bedeutungen erhält. Eine Effizienz in der Sprache. Alles nutzen und nichts verschwenden.« (Der amerikanische Künstler Bruce Nauman über Samuel Beckett; zit. n. Simon 2000, S. 22)

ist« (so die langjährige Koryphäe der Berliner Theaterkritik, Friedrich Luft; zit. n. Völker 1986, S. 137), hatte ein ganz anderer, überhaupt nicht »müder« Beckett der Kunstavantgarde schon seit Jahren wichtige Impulse gegeben.

1988, zwei Jahre nach der Ausstrahlung von Becketts letztem Fernsehfilm *Was wo* (1986), zeigte der damals 28-jährige Videokünstler Stan Douglas Becketts gesamtes Medienœuvre erstmals als Kunstwerk in der Vancouver Art Gallery. In den folgenden Jahren war diese Sammlung immer häufiger im internationalen Kunstzusammenhang zu sehen, wo sie jedes Mal einiges Aufsehen erregte – 1990 in der Exit Art Gallery, New York; 2000 in der Kunsthalle Wien und 2001 auf der Biennale in Venedig. Seit 2005 wird Becketts Film *Comédie* als Medienkunstwerk von einer Berliner Galerie vertreten.

Vgl. »Filme und Fernsehstücke«, S. 100 ff.

Vgl. S. 53

Schon früh hatte Martin Esslin betont, dass Samuel Beckett sich nicht gerne in literarischen Cliquen aufhielt, sondern eher »unter den Malern […] zu Hause« fühlte (Esslin 1987, S. 29), und so scheint es nur konsequent, dass es die unterschiedlichsten Künstler (und auch Komponisten) waren, die sich Beckett seit den frühen sechziger Jahren mit Interesse näherten (etwa: Bruce Nauman, Nam June Paik, Jasper Johns, Vito Acconci, Sol LeWitt). Auch für sie war er der Autor, der sich mit der Frage beschäftigte, wie es sich anfühlt, als Mensch in einem ›interesselosen‹ Universum zu leben. In der stark bildgeprägten, gestisch-rhythmisierten Sprache seiner Prosa, dem zwanghaft exzentrischen Verhalten seiner Figuren, ihrer Konzentration auf den eigenen Körper, wie auch den exakt ausgeleuchteten Räumen und genau choreographierten Bewegungen entdeckten die Künstler für sich brauchbares strukturelles und emotionales ›Material‹. Besonders charakteristisch für diese neue Avantgarde war ihre Beschäftigung mit der Stille und dem Nichts, das durchaus als konkretes Arbeitsmaterial, als ›Etwas‹, betrachtet wurde. Auch aus diesem Grund erkannten diese Künstler in Beckett einen Gleichgesinnten, dessen Werk für sie zur »legenda aurea« (Spies 2000, S. 146) wurde. Dass Beckett mit seinem 35 Sekunden dauernden Kurzfilm *Breath* (1969) die Stille durch einen Schrei, langsames Ein- und Ausatmen, dann wieder einen

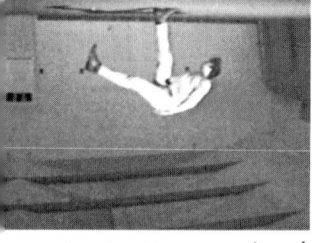

Beckett inspiriert
die bildende
Kunst: Bruce
Naumans *Slow
Angle Walk
(Beckett Walk)*,
1968

Schrei punktierte, hatte auch im damaligen Umfeld des minimalen Körpertheaters Vorreiterqualität, wie etwa Marina Abramovic' Arbeit *Breathing In / Breathing Out* (1977) zeigt. Die von der Saatchi-Gruppe in den neunziger Jahren nach oben gebrachte Generation der Young British Artists erkennt neben Becketts minimalformaler auch dessen verspielte, komische Qualität, wie Damian Hirst anlässlich seines Remakes von *Breath* (2001) feststellte (Hirst 2001).

Einer der heute bekanntesten unter den von Beckett inspirierten Künstlern ist der Amerikaner Bruce Nauman. Er hatte sich in den frühen sechziger Jahren in sein Atelier zurückgezogen, um dort mit sich, seiner Zeit und seinen Bewegungen als ›Material‹ zu arbeiten. Schon allein diese Situation erinnert an Becketts Problemstellung dieser Jahre, die zunehmend um das klassische Kunstthema des spannungsreichen Verhältnisses von Figur und Raum kreiste. Bruce Nauman hatte Becketts Romane *Molloy* und *Malone stirbt* gelesen und seine einstündige Videoarbeit *Slow Angle Walk* (*Beckett Walk*) (1968) »von einem der beiden abgeleitet [...] Es war ein sehr systematischer Nonsense. Becketts Art, dieses Tun zu beschreiben, ihm eine Anzahl von Regeln zu geben, nach denen er vorgeht. Ich hatte ein paar Performances [...] aufgrund dieser Regeln gemacht. Ein Problem zu erfinden, eine Behauptung, um zu sehen, ob es möglich ist. Das Problem war, dass die Behauptung gut genug sein musste. Man kriegt nur eine interessante Antwort, wenn man eine interessante Frage hat.« (Nauman; zit. n. Simon 2000, S. 31) Aus diesem »systematischen Nonsense« wurde eine 60-minütige Bewegungsstudie, eine zweckfreie Übung im Wiederholungsraum« (Glasmeier 2000, S. 9), der Nauman sich mit der gleichen Akribie widmete wie Becketts Figuren ihrem Tun. In seinen späteren Arbeiten bezeugen die in absurden Handlungsloops gefangenen Clownsfiguren die Beschäftigung Naumans mit Beckett, und die Skulptur *Hanged Man* (1985) spielt sowohl auf den *Godot*-Baum als auch auf Wladimirs und Estragons Diskussion über die Konsequenzen des Selbstmords an (Simon 2000, S. 17). Auch die klaustrophobisch wirkenden Korridorarbeiten Naumans sowie überhaupt sein performatives Körpertheater zeigen, wie sehr Becketts Beschäftigung mit der Körperlichkeit von dem jüngeren Künstler verarbeitet wurde.

Doch nicht nur die Bildsprache, sondern auch seine Haltung verbindet Beckett mit dieser Kunstszene: Seit den sechziger Jahren ist eine Tendenz zu beobachten, die wegführt vom existentialistisch Schweren, Bedeutungsschwangeren, Manifesten und damit von einer misstrauisch beäugten, kanonisierten Kunst, »die einen beim Kragen packt« (Beckett; zit. n. Glasmeier und Hartel 2000, S. 81). Diese Haltung drückte sich etwa in der Verwendung von flüchtigen Materialien aus: Wenn Vertreter der amerikanischen Antiformbewegung 1969 »formlose Plastik« ausstellten – etwa Wasserdampf (Robert Morris) oder verdunstende Eiswürfel (Barry Le Va) –, dann korrespondiert dies stark mit Becketts sensibilisierendem Einsatz des Immateriellen wie etwa die Nuancen der Farbe Grau: Ihre Arbeit mit und für Beckett kam seiner Lieblingsschauspielerin Billie Whitelaw nicht nur so vor, als hätten sie »eine neue Kunstform« geschaffen, sondern auch, als arbeiteten sie »mit Rauch« (Whitelaw 1996).

Bühnenbild, vgl. S. 54

Musikalisches Echo

Beckett hat sein Schaffen immer wie eine musikalische Komposition angelegt und an einer »Literatur des Unworts« gearbeitet, die man erleben sollte, »wie die von großen schwarzen Pausen gefressene Tonfläche der siebenten Sinfonie von Beethoven« (*Disjecta*, S. 51). Mit den immer dichter und kürzer werdenden Arbeiten seiner späten Jahre wurde klar, dass sich bei ihm »[a]lles […] um Rhythmus und Musik« drehte (zit. n. Knowlson, S. 834). Beckett kommentierte das weiter so: »Jetzt will ich meine Pausen mit Geräusch füllen. […] Für jedes Verstummen wird es Geräusche geben, sei es nun Füßeschlurfen, Schritte, Fallenlassen von Gegenständen, und so fort.«

»They Come«:
A Fifty Percent
Mesostic von
John Cage nach
Becketts gleich-
namigem Gedicht

„They Come": A Fifty Percent Mesostic
John Cage

for N.Z.

This is a fifty percent mesostic, the words of which are limited to the words upon which it is written, a text (1937)* by Samuel Beckett sent to me by Nicholas Zurbrugg. A program made by Andrew Culver extended the number of characters in a search string fo mesolist (a program by Jim Rosenberg) to any length; this extended mesolist was used to list the available words which were subjected to ic (a program by Andrew Culver simulating the coin tossing oracle of the I Ching). For several letters there were no words: the Y of they; the M of come; the R of different; the D of and; the M of same; the W and T of with; the B of absence; the L and V of love; the F of of. Spaces between lines take the place of the missing letters. These are doubled in two instances.

```
*they come
different and the same
with each it is different and the same
with each the absence of love is different
with each the absence of love is the same
```

```
        iT is                          lovE is                    love is the sAme
      eacH it                             Is                             aNd
          is                            eacH                             iT
      samE                            samE they come                   eacH
is different with eaCh the             And the                         samE
          lOve is                     they Come                     of love iS
      and thE                            tHe                            eAch
      anD the same                   each it Is                       lovE
        with each                    same They                      love Is
          oF                         same with each it             eacH it is
          oF                         and the Same                    samE they come
      samE                            anD                               And the same
        thE                           It is                             Come
        aNd                           oF                                tHey
      and The                         oF                         is differenT
      with eAch                     samE                              eacH
      abseNce                         thE                             lovE is
        iT is                         aN                                And the
      eacH                         each iT
      lovE
of love iS
        eAch
```

```
        iS                            eacH                        differenT
      thEy                          samE with                     eacH
      aNd the same                    sAme                        comE
      eaCh                            Come                     love iS different
      samE                            tHe                      with eAch
absence of lOve                 differenT and                  is thE
the same they cOme              eacH
  diFferent and the             lovE is
  the Same                   different And the
      anD the same                it iS
        Is                       is thE
absence oF love                    aNd the
          oF                       eaCh the
      thEy                         thEy
      thE                          cOme
      aNd                          thE
is The                          each It
    Is different                the abSence
```

(ebd.) Dass einer, der so redet und arbeitet, das Interesse des Komponisten John Cage geweckt hat, muss nicht weiter überraschen. Auch seine Komposition *4′33″* erhebt das lebendige Alltagsgeräusch zum Teil der künstlerischen Komposition, mit dem sie die vier Minuten und 33 Sekunden Stille durch Saal- und Außenakustik anreichert.

Interessant ist auch, dass Beckett, der sich meist weigerte, seine Werke aus ihrem Genre in ein anderes adaptieren zu lassen, dem amerikanischen Komponisten Philip Glass nicht nur eine Komposition zur Dramatisierung seines Prosastücks

Gesellschaft (*Company*) gestattete, sondern den Einsatz der Musik auch beratend kommentierte (Glass 1987, S. 102). Zu einer direkteren Zusammenarbeit kam es 1976 mit dem amerikanischen Komponisten Morton Feldman. Er war ein begeisterter Beckettleser und hatte sich bereits von dessen *Film*-Drehbuch zu einer kurzen Komposition inspirieren lassen. Feldman traf Beckett in Berlin zum Mittagessen mit der vagen Vorstellung, etwas mit dessen Werk zu machen. Nachdem der Autor dem Komponist zu verstehen gegeben hatte, dass er zu Musik gesetzte Worte nicht schätze – »Mr. Feldman, ich mag keine Opern« (zit. n. Knowlson 2001, S. 789) –, und dieser Verständnis dafür geäußert hatte, vertraute Beckett ihm an, er habe eigentlich nur ein einziges Lebensthema. Auf Feldmans Bitte hin schrieb er es auf, überarbeitete es und schickte dem Komponisten wenig später die 87 Wörter in 16 Zeilen in die USA nach, die so begannen: »Hin und her im Schatten, vom inneren zum äußeren Schatten / vom undurchdringlichen Selbst zum undurchdringlichen Nicht-Selbst / durch weder noch«. Das kurze Prosastück heißt *neither* (*weder noch*), und Morton Feldman komponierte nach diesem ›Libretto‹ eine ›Oper‹, in der sich die Worte zur Unverständlichkeit auflösen, sie also quasi verdunsten wie eine immaterielle Skulptur. Als dieses Werk 2004 von der Staatsoper Stuttgart wieder aufgenommen wurde, gab es ein – für ein derart ›experimentelles‹ Musikstück – überwältigendes Presseecho.

Das CD-Cover von Morton Feldmans Beckett-oper *neither*

Wie weiter? Stimmen zeitgenössischer Schriftsteller

Die Abwesenheit eines klar gekennzeichneten Autors in Becketts Schriften, die Sinnlichkeit und Vielstimmigkeit, das unbestimmt Offene und geformt ›Chaotische‹ seiner Kunst zogen auch die Schriftsteller der amerikanischen Postmoderne an. Wobei die jüngeren Kollegen immer auch unter der »Anxiety of Influence« (etwa: »Einflussangst«; Bloom 1975, S. 2) vor diesem Großmeister der Literatur litten. Es scheint vielen von ihnen ergangen zu sein wie dem jungen Beckett im

Umgang mit seinem Vorbild Joyce. Raymond Federman und
Paul Auster etwa sind sich darüber einig, dass Beckett ihnen
das Schreiben schwer gemacht hat. Federman arbeitet nun
schon seit 40 Jahren, wie er sagt, »mit und gegen« den Nobelpreisträger. Für Paul Auster war der Ire dagegen ein einfluss-
reiches Vorbild, von dem er sich lösen musste: »Man hat ja
den Eindruck, wenn man Beckett zum ersten Mal liest, dass er
den Roman neu erfunden hat und es anderen gleichzeitig unmöglich machte, jemals wieder einen Roman zu schreiben.
Und in gewisser Weise hat er mich erdrückt. Und nicht nur
mich: viele andere Schriftsteller.« (zit. n. *The Guardian*, 12.
November 2005)

> »Sie kennen den Text *Der Verwaiser*. Als ich den zum ersten
> Mal las, war mir regelrecht schlecht, denn das war das Buch,
> das ich schreiben wollte! Es hat mich direkt angesprochen, wie
> es auch zu anderen spricht, die ein traumatisches Erlebnis hat-
> ten. Der Text hat mich verfolgt, auf eine positive, befreiende
> Weise.« (Der amerikanische Schriftsteller und Beckettspezialist
> Raymond Federman; Federman 1996)

Jüngere Schriftsteller und Künstler scheinen weniger einge-
schüchtert und damit – wenn sie ihn schätzen – ohne Einschränkung von Beckett angeregt zu sein. Er steht für viele
ganz selbstverständlich am Anfang ihre Lese- und Schaffens-
erfahrung, wie etwa Thomas Meinecke erklärt: »Samuel
Beckett war in meinem Leben / für mein Leben, der erste
wichtige Theaterautor. Noch vor Thomas Bernhard. Mit Siegfried Unseld zum ersten Mal in seiner unterirdischen Bibliothek: Sofort den Beckett mit der persönlichen Widmung zeigen lassen.« (Meinecke 2005)
Den Video-, Text- und Performancekünstler Ugo Rondinone regt Beckett nicht nur thematisch und formal an. Er folgt
ihm auch in dessen weitverzweigte Themenkomplexe und
schreibt: »Was mich bei Beckett am meisten fasziniert, ist
seine Auffassung vom Schreiben als Enzyklopädie. […] Dieser Aspekt der Vielschichtigkeit und fragmentierten Identität
untersucht das grundlegende Versagen der Vernunft – oder

ihren Triumph.« (Rondinone 2005) Ähnlich empfindet es der Dramatiker Werner Fritsch, der spürt, dass »in [Samuel Becketts] Texten so ziemlich alle Fäden der Literaturgeschichte [zusammenkommen], angefangen von Aischylos oder Hiob über Dante, auch Shakespeare bis hin zu Joyce, Proust, Kafka, Brecht«. Beckett sei seit dem Beginn seines Schreibens »die Sphinx gewesen«, so dass auch er sich zunächst fragte: »Wie weiter – nach Beckett« (Fritsch 2005).

Schriftsteller und (Stimm-)Performer Michael Lentz empfindet die Figuren des Iren als »eine ›fruchtbringende Gesellschaft‹, die mich nie am Schreiben gehindert hat, die nie im Weg stand, die immer beflügelt, die immer da ist«. Und weil Becketts Werk für ihn vollkommen »einzigartig« ist, entging der Schriftsteller der Bloom'schen »Einflussangt«, denn die Gefahr, das Werk zu kopieren, habe nie bestanden (Lentz 2005). Lentz macht anhand seiner eigenen Leseerfahrung eine interessante Beobachtung, die auch helfen könnte, den auffälligen Tatbestand zu klären, dass Becketts Werk nun schon seit über 50 Jahren von den unterschiedlichsten Schriftstellern, Künstlern, Komponisten oder Kunst- und Literaturwissenschaftlern als zeitgenössisch und anregend empfunden wird. In den letzten Jahren, so Lentz, fiele ihm Becketts Pathos auf, das er als Jüngerer nicht bemerkt habe: »über die Jahrzehnte der Leseerfahrung wächst [Beckett mit], ohne sich aufzudrängen« (Lentz 2005). Und tatsächlich scheint das Werk Becketts »mitzuwachsen«: Er war ein ›Avant-la-lettre-Autor‹, einer, der Dinge ausprobierte, bevor sie zur Kunstströmung wurden. Oder, wie Autor Raymond Federman es ausdrückte: »Er war uns immer eine Nasenlänge voraus.« (Federman 1996)

Die Wahlheimat ehrt ihren Autor: Straßenschild in Paris

Anhang

Zeittafel

1906 13. April: Samuel Beckett wird als zweiter Sohn des Ehepaars May und William Beckett geboren.

1911 Beckett wird eingeschult und fällt seinen Lehrern vor allem durch herausragende sportliche Leistungen auf.

1923 Nach dem Abitur Beginn eines Romanistikstudiums am Dubliner Trinity College. – Bekanntschaft mit dem unorthodoxen Professor Thomas B. Rudmose-Brown. – Verliebt sich in den Schwarm aller Studenten: Ethna MacCarthy. Die Liebe bleibt unerwidert.

1926 Becketts erster Besuch seiner späteren Wahlheimat Frankreich: Fahrradtour entlang der Loire.

1927 Bildungsreise nach Venedig und Florenz. Abschluss des Studiums als Jahrgangsbester. – Beginn einer Liebesgeschichte mit seiner Cousine Peggy Sinclair (Tochter von Cissie und William (Boss) Sinclair, einem liberalen Kunsthändlerehepaar, das in Kassel lebt).

1928 Zwei Semester als Lehrer an einem Gymnasium in Belfast. – Ab Herbst: Zwei Jahre lang Englischlektor an der Ecole Normale Supérieure in Paris. – Bekanntschaft mit James Joyce und Entdeckung des Pariser Künstlerlebens. Lange nächtliche Barbesuche. Unterrichtet seinen einzigen Schüler daher erst nachmittags.

1929-1930 Erste Publikationen: eine Kurzgeschichte, ein Aufsatz über Joyce sowie Übersetzungen in der englischsprachigen Zeitschrift *transition*. – Gewinnt mit *Whoroscope* (1930) einen Lyrikwettbewerb. – Beginnt eine Monographie über Marcel Proust. – Rückkehr nach Dublin ans Trinity College. Arbeit als Assistent von Thomas B. Rudmose-Brown. Schwierigkeiten mit der Umstellung auf das Leben in Dublin. – Ein Lichtblick: die Bekanntschaft mit dem Maler Jack B. Yeats.

1931 Psychosomatische Erkrankungen (Herzrasen, Niedergeschlagenheit, Mattigkeit). Entschließt sich, die akademische Laufbahn aufzugeben. – Veröffentlichung seiner *Proust*-Studie. – Besucht über Weihnachten seine Verwandtschaft in Kassel. Die Liebe zu Peggy ist abgeflaut.

1932 Kündigt von Deutschland aus seine Stelle am Trinity College. – Reist nach Paris und schreibt seinen ersten Roman *Traum von mehr bis minder schönen Frauen* (1992). – Rückkehr nach Dublin.

1933 Tod Peggy Sinclairs und kurz darauf seines Vaters. – Die gesundheitlichen Beschwerden treten verstärkt auf, und Beckett beginnt eine zweijährige Psychotherapie bei Wilfred Bion in London. – Abschluss der Erzählungen für den Sammelband *Mehr Prügel als Flügel* (1934).

1935 Beginnt seinen zweiten Roman, *Murphy*. – Rückkehr nach Dublin.

1936 Fertigstellung von *Murphy* (1938). – Sechsmonatige Deutschlandreise (bis April 1937). Beckett besucht Museen, Galerien und nimmt Kontakt zu zeitgenössischen Künstlern und Kunstwissenschaftlern auf. Er beobachtet die Veränderungen durch das nationalsozialistische Regime und kommentiert diese scharf.

1937 Umzug nach Paris. – Bekanntschaft mit den Malern Bram und Geer van Velde sowie mit Peggy Guggenheim.

1938 Er wird durch einen Messerstich schwer verletzt. – Erneuerung der Freundschaft zu seiner späteren Lebensgefährtin, der Pianistin Suzanne Deschevaux-Dumesnil.

1939 Nach der Kriegserklärung Deutschlands bricht Beckett einen Familienbesuch in Irland ab und kehrt nach Frankreich zurück.

1940 Während der Besatzung von Paris arbeiten er und Suzanne für eine Widerstandsgruppe der Résistance.

1942 Zahlreiche Mitglieder ihrer Gruppe werden verhaftet. Beckett und Suzanne entkommen nach Roussillon ins unbesetzte Südfrankreich. – Bekanntschaft mit dem Maler Henri Hayden.

1943-1944 Landarbeit und Arbeit am Roman *Watt* (1953).

1945 Rückkehr nach Paris. – Nach einem Familienbesuch in Dublin arbeitet Beckett als Dolmetscher und Lagerverwalter für ein Zivil-Lazarett des Irischen Roten Kreuzes in der Normandie.

1946 Rückkehr nach Paris. Beginnt konsequent auf Französisch zu schreiben. – Freundschaft mit dem Verleger und

Kunstpublizisten Georges Duthuit. – Schreibt den Roman *Mercier und Camier* (1970) sowie vier Novellen und Kunstkritiken.

1947 Schreibt das Theaterstück *Eleuthéria* (1995), beginnt mit dem Roman *Molloy* (1951).

1948/49 Beendet *Molloy* und schreibt die Romane *Malone stirbt* (1951) und *Der Namenlose* (1953) sowie das Theaterstück *Warten auf Godot* (1952, Uraufführung 1953).

1950 Kurze Prosastücke *Texte um Nichts* (1955). – Tod der Mutter.

1954 Tod des Bruders.

1955 Beginnt das Theaterstück *Endspiel* (1957).

1956 Beendet *Endspiel*. – Schreibt sein erstes Hörspiel *Alle die da fallen* (gesendet 1957) und die Pantomime *Acte sans Paroles I*.

1958 Schreibt das Theaterstück *Das letzte Band*.

1959 Schreibt das Hörspiel *Aschenglut* (1959, Prix Italia) sowie das kurze Prosastück *Das Bild*. Beginnt mit *Acte sans Paroles II* (1960). – Erhält die Ehrendoktorwürde des Trinity College Dublin.

1960 Schreibt den Roman *Wie es ist* (1961).

1961 Internationaler Verleger-Preis (zusammen mit Jorge Luis Borges). – Beendet das Theaterstück *Glückliche Tage*. – Heirat mit Suzanne Descheveaux-Dumesnil.

1962 Schreibt das Hörspiel *Words and Music* sowie das Stück *Spiel* (1963).

1963 Das Hörspiel *Cascando* entsteht. – Beginnt das Drehbuch zu seinem *Film* (1964).

1964 Beendet *Film* und assistiert in New York bei den Dreharbeiten.

1965 Schreibt das Theaterstück *Come and Go* (1966). – Uraufführung von *Film* in Venedig (in der Folge zahlreiche Preise). – Beginn der Arbeit am Fernsehspiel *He, Joe*. – Berät den Regisseur Deryk Mendel bei dessen Regie von *Warten auf Godot* an der Werkstatt des Berliner Schiller Theaters.

1966 Produktion von *He, Joe* beim Süddeutschen Rundfunk (SDR) in Stuttgart, Beckett führt Regie. – Schreibt das Prosastück *Der Verwaiser* (1970).

1967 Inszeniert *Endspiel* an der Werkstatt des Berliner Schiller Theaters.

1969 Erhält den Nobelpreis für Literatur.

1970 Erste Augenoperation am grauen Star. – Beendet den Prosatext *Der Verwaiser*.

1971 Zweite Augenoperation am grauen Star. – Inszeniert *Glückliche Tage* in Berlin.

1972 Schreibt das Theaterstück *Nicht Ich*.

1975 *Nicht Ich* wird als Fernsehversion konzipiert (gesendet 1977). Beckett schreibt das Fernsehstück *Geistertrio*.

1976 Schreibt das Fernsehstück *… nur noch Gewölk …*, das er 1977 zusammen mit *Geistertrio* beim SDR inszeniert.

1977 Bei John Calder in London erscheint der Band *Collected Poems in English and French*.

1980 Schreibt den Prosatext *Schlecht gesehen schlecht gesagt* (1981) und das Theaterstück *Rockaby* (1982).

1981 Entstehung des Fernsehstücks *Quadrat I and II*, das Beckett im selben Jahr beim SDR inszeniert. – Schreibt das Theaterstück *Ohio Impromptu*. – Beginn der Arbeit am Prosatext *Aufs Schlimmste zu* (1983).

1982 Anlässlich einer Solidaritätsveranstaltung für den inhaftierten Schriftsteller Václav Havel schreibt Beckett das Stück *Katastrophe*. – Entstehung des Fernsehfilms *Nacht und Träume*.

1983 Uraufführung von *Nacht und Träume* beim SDR. – Schreibt das Theaterstück *Was wo*.

1986 Inszeniert die Fernsehversion von *Was wo* beim SDR und schreibt seinen letzten Prosatext *Immer noch nicht mehr* (1984-1988).

1988 Becketts letztes Gedicht *Comment dire* (*Wie soll man sagen*; 1989) entsteht.

1989 Übersetzt die englische Fassung von *Immer noch nicht mehr* ins Französische. – Überträgt das Gedicht *Comment dire* als *What is the Word* ins Englische. – Juli: Becketts Frau Suzanne stirbt. – Beckett stirbt am 22. Dezember.

Bibliographie

Zitate aus englischsprachigen Werken und Briefdokumenten wurden von Gaby Hartel und Carola Veit ins Deutsche übertragen.

Siglen für Werke von Samuel Beckett

W   Samuel Beckett: *Werke in vier Bänden*. In Zusammenarbeit mit Samuel Beckett hrsg. von Elmar Tophoven und Klaus Birkenhauer. Übertragungen von Elmar Tophoven, Erika Tophoven und Erich Franzen
Bd. 1: Dramatische Werke. Frankfurt a. M. 1976
Bd. 2: Romane. Frankfurt a. M. 1976
Bd. 3: Romane. Frankfurt a. M. 1976
Bd. 4: Erzählungen. Frankfurt a. M. 1976
Bd. 5 (Supplementband): Szenen. Prosa. Verse. Frankfurt a. M. 1986

Dante	*»Dante ... Bruno. Vico .. Joyce«*. In: Stücke. Kleine Prosa. Auswahl in einem Band. Frankfurt a. M. 1969. S. 9-33
Die Welt und die Hose	*Die Welt und die Hose*. Frankfurt a. M. 1990
Disjecta	*Disjecta. Miscellaneous Writings and a Dramatic Fragment*. Hrsg. von Ruby Cohn. London 1983
Eleutheria	*Eleutheria*. Frankfurt a. M. 1996
Proust	*Proust*. Frankfurt a. M. 1989
Traum	*Traum von mehr bis minder schönen Frauen*. Frankfurt a. M. 1996
Wie soll man sagen	*»Wie soll man sagen«*. In: Dante und der Hummer. Gesammelte Prosa. Frankfurt a. M. 2000. S. 7 f.

Briefe und Postkarten

– Brief an Thomas MacGreevy vom 8. September 1935. Trinity College Dublin Library
– Postkarte an George Reavey vom 20. Dezember 1936. Im Original Deutsch. Harry Ransom – Humanities Research Center. The University of Texas at Austin
– Brief an George Reavey vom 27. September 1938. Harry Ransom Humanities Research Center. The University of Texas at Austin

– Briefe an Mary Manning Howe vom 13. Dezember 1936, 22. Juni 1953. Harry Ransom Humanities Research Center. The University of Texas at Austin
– Postkarten an Mary Manning-Howe vom 2. November 1983, 7. Januar 1989. Harry Ransom Humanities Research Center. The University of Texas at Austin

Kommentierte Auswahlbibliographie

Birkenhauer, Klaus: *Samuel Beckett in Selbstzeugnissen und Bilddokumenten.* Reinbek 1971
Informativer, bebilderter Einführungsband in Becketts Leben und Werk.

Brockmeier, Peter: *Samuel Beckett.* Stuttgart 2001
Umfassende Einführung in Leben und Werk mit besonderem Schwerpunkt auf Becketts Poetik.

Fischer-Seidel, Therese / Fries-Diekmann, Marion (Hrsg.): *Der unbekannte Beckett. Samuel Beckett und die deutsche Kultur.* Frankfurt a. M. 2005
Gut recherchierter Sammelband zu Beckett und Deutschland.

Glasmeier, Michael u.a. (Hrsg.): *Samuel Beckett Bruce Nauman.* [Katalog Kunsthalle Wien] Wien 2000
Erste und bisher umfassendste Würdigung von Becketts Werk im Kontext der bildenden Kunst

Glasmeier, Michael / Hartel, Gaby (Hrsg.): *Samuel Beckett. Das Gleiche nochmal anders. Texte zur bildenden Kunst.* Frankfurt a. M. 2000
Kommentierte Ausgabe der Texte zu Becketts Kunsttheorie.

Hartel, Gabriele: *...the eyes take over... Samuel Becketts Weg zum »gesagten Bild«.* Trier 2004
Detaillierte Darstellung zu Becketts Umgang mit den visuellen Medien im Spätwerk.

Harvey, Lawrence: *Samuel Beckett. Poet and Critic.* Princeton 1970
Der informativste Band zum Frühwerk.

Knowlson, James: *Samuel Beckett. Eine Biographie.* Frankfurt a. M. 2001
Die Standardbiographie zu Samuel Beckett.

Rathjen, Friedhelm: *Beckett zur Einführung.* Hamburg 1995
Einführung in Leben und Werk.

Simon, Alfred: *Beckett.* Frankfurt a. M. 1988
Fundierte Untersuchung zu Themen, Leben und Werk.

Tophoven, Erika: *Becketts Berlin*. Berlin 2005
Illustrierender Bildband zu Becketts Berliner Tagebuch 1936/37.
Veit, Carola: *Ich-Konzept und Körper in Becketts dualen Konstruktionen*. Berlin 2002
Ausführliche Darstellung von Becketts Gesamtwerk mit kunsttheoretischem Hintergrund.
Völker, Klaus (Hrsg.): *Beckett in Berlin*. Berlin 1986
Bildband zu Becketts Inszenierungen in Berlin.
Zilliacus, Clas: *Beckett and Broadcasting. A Study of the Works of Samuel Beckett for and in Radio and Television*. Åbo 1976
Bisher ausführlichste Studie zu Becketts Radio- und Fernseharbeiten.

Weitere Literatur
Andersch, Alfred: *»Was alle lesen«*. In: Ders.: Die Blindheit des Kunstwerks. Zürich 1979. S. 111-125
Asmus, Walter D.: *»Rehearsal Notes for the German Premiere of Beckett's That Time and Footfalls«*. In: On Beckett. Essays and Criticism. Hrsg. von S. E. Gontarski. New York 1986. S. 335-349
Atik, Anne: *»Beckett as Reader«*. In: American Poetry Review 28 (1999). H. 5. S. 33-38
Atik, Anne: *Wie es war. Erinnerungen an Samuel Beckett*. Frankfurt a. M. 2003
Bair, Deirdre: *Samuel Beckett. Eine Biographie*. Reinbek 1994
Bloom, Harold: *The Anxiety of Influence*. London 1975
Bollmann, Horst: *»Samuel Beckett als Regisseur«*. In: Beckett in Berlin. Hrsg. von Klaus Völker. Berlin 1986. S. 83 und S. 88
Bondy, Luc: *»Entretien avec Luc Bondy. Propos receuillis par Hédi Kaddour«*. In: Nouvelle Revue Française 9 (1999). Nr. 551
Brater, Enoch: *Why Beckett?* London 1989
Brater, Enoch: *Beyond Minimalism. Beckett's Late Style in the Theater*. New York 1987
Brater, Enoch: *The Drama in the Text. Samuel Beckett's Late Fiction*. New York 1994
Brockmeier, Peter: *»Eigensinn mit oder ohne Gemeinsinn. Samuel Becketts Schreibweise im kritischen Urteil deutscher Schriftsteller«*. In: Der unbekannte Beckett. Samuel Beckett und die deutsche Kultur. Hrsg. von Therese Fischer-Seidel und Marion Fries-Diekmann. Frankfurt a. M. 2005. S. 192-207
Brockmeier, Peter/Veit, Carola (Hrsg.): *Komik und Solipsismus im Werk Samuel Becketts*. Stuttgart 1997

Brook, Peter: [ohne Titel]. In: Beckett in Berlin. Hrsg. von Klaus Völker. Berlin 1986. S. 116

Cohn, Ruby: *Back to Beckett.* Princeton 1973

Driver, Tom: *»Beckett by the Madeleine«.* In: Columbia University forum 4 (1961). Nr. 3. S. 21-25

Dukes, Gerry: *Samuel Beckett.* London 2001

Eisner, Lotte: *Die dämonische Leinwand.* Frankfurt a. M. 1980

Ellman, Richard: *James Joyce.* Frankfurt a. M. 1994

Endres, Ria: *Am Anfang war die Stimme.* Frankfurt a. M. 1991

Esslin, Martin: *Das Theater des Absurden.* Reinbek 1987

Esslin, Martin: *»Visions of Absence: Beckett's ›Footfalls‹ and ›... but the clouds...‹«.* In: Transformations in modern European drama. Hrsg. von Jan Donaldson. London 1983. S. 119-129

Esslin, Martin: Gespräch mit Gaby Hartel (Tonbandmitschnitt). März 1996

Federman, Raymond: Gespräch mit Gaby Hartel (Tonbandmitschnitt). Februar 1996

Fletcher, John: *Die Kunst des Samuel Beckett.* Frankfurt a. M. 1976

Friedman, Alan W./Cunard, Nancy (Hrsg.): *Beckett in Black and Red. The Translations for Nancy Cunard's Negro (1930).* Lexington 2000

Fritsch, Werner: E-Mail an Gaby Hartel. 24. November 2005

Fuegi, John: *»Brecht und Beckett«.* In: Das Werk von Samuel Beckett. Berliner Colloquium. Hrsg. von Hans Mayer und Uwe Johnson. Frankfurt a. M. 1975. S. 185-204

Fuhrmann, Helmut: *»En attendant l'Histoire: Heiner Müller und Beckett«.* In: Beckett und die Literatur der Gegenwart. Hrsg. von Martin Brunkhorst u. a. Heidelberg 1988

Garforth, Julian: *»›Beckett unser Hausheiliger‹. Changes in critical reaction to Samuel Beckett's directional work in Berlin«.* In: Samuel Beckett. Endlessness in the year 2000. Hrsg. von Angela Moorjani und Carola Veit (= Samuel Beckett Today/Aujourd'hui 11). Amsterdam/New York 2002. S. 309-329

Glasmeier, Michael: *Üben. Essays zur Kunst.* Köln 2000

Glasmeier, Michael/Hartel, Gaby: *»›Der Rest ist Ibsen‹. Über Samuel Becketts Video ›Not I‹«.* In: Warum? Bilder diesseits und jenseits des Menschen. Hrsg. von Mathias Flügge und Friedrich Meschede. [Katalog Martin-Gropius-Bau Berlin] Berlin 2003. S. 58-62

Glass, Philip: *»Interview with Nicholas Zurbrugg«.* In: The Review of Contemporary Fiction 7 (1987). Nr. 2. S. 101-108

Gontarski, S. E.: *»Samuel Beckett«.* In: International Dictionary of

Theatre 2. Hrsg. von Mark Hawkins-Dady. Detroit/London/New York 1994. S. 76

Goßens, Peter: »*We do it to have fun together*«. *Samuel Beckett beim SDR in Stuttgart*. Marbach a. N. 2000

Graver, Lawrence/Federman, Raymond (Hrsg.): *Samuel Beckett. The Critical Heritage*. London 1979

Haerdter, Michael: »*Samuel Beckett inszeniert das Endspiel. Bericht von den Proben der Berliner Inszenierung 1967*«. In: Materialien zu Becketts »Endspiel«. Frankfurt a. M. 1969. S. 36-111

Hartel, Gaby: »›*Ist die Schwerkraft noch die alte?*‹ *Ugo Rondinone und Samuel Beckett*«. In: Ugo Rondinone. Now how on. Hrsg. von Gerald Matt [Katalog Kunsthalle Wien]. Köln 2002

Hartel, Gaby: »›*No Stone Unturned*‹: *Samuel Beckett sucht und findet ästhetische Anregungen im frühen deutschen Film*«. In: Der unbekannte Beckett. Samuel Beckett und die deutsche Kultur. Hrsg. von Therese Fischer-Seidel und Marion Fries-Diekmann. Frankfurt a. M. 2005. S. 296-319

Hiebel, Hans H.: »*Quadrat 1 + 2 as a television play*«. In: Samuel Beckett Today/Aujourd'hui 2: Beckett in the 1990s. Atlanta/Amsterdam 1993. S. 235-243

Hirst, Damian: [Ohne Titel]. In: Beckett on Film [Booklet]. Blue Angel Films. Dublin 2001. S. 27

Hübner, Alfred: »*Proben-Notate zu ›Glückliche Tage‹*«. In: Beckett in Berlin. Hrsg. von Klaus Völker. Berlin 1986. S. 109-110

Iden, Peter: [Ohne Titel]. Theaterkritik in *Frankfurter Rundschau*. 8. Oktober 1976. In: Beckett in Berlin. Hrsg. von Klaus Völker. Berlin 1986. S. 136-137

Janvier, Ludovic: *Beckett par lui-même*. Paris 1969

Kaiser, Joachim: »*Samuel Beckett: ›Das letzte Band‹, Regie Samuel Beckett, Schiller Theater, Berlin*«. In: Theater heute 6 (1970). S. 32

Kenner, Hugh: »*Samuel Beckett. Komödiant der Sackgasse*«. In: Materialien zu Samuel Becketts Romanen »Molloy«, »Malone stirbt«, »Der Namenlose«. Hrsg. von Hartmut Engelhardt und Dieter Mettler. Frankfurt a. M. 1976. S. 248-252

Kesting, Marianne: »*Die Realität der Fiktion. Samuel Becketts Recherche des Bewußtseins und seiner Hervorbringung*«. In: Das Werk von Samuel Beckett. Berliner Colloquium. Hrsg. von Hans Mayer und Uwe Johnson. Frankfurt a. M. 1975. S. 26-39

Knowlson, James/Pilling, John: *Frescoes of the Skull*. London 1980

Lake, Carlton: *No Symbols Where None Intended. A Catalogue of*

Books and Manuscripts, and Other Material Relating to Samuel Beckett in the Collection of the Humanities Research Center. Austin (Texas) 1984

Lentz, Michael: Telefongespräch mit Gaby Hartel. 30. November 2005

Levy, Shimon: *»Six she's, one ›Not I‹: Proxies of Beckettian Selves«.* In: Samuel Beckett. Endlessness in the year 2000. Hrsg. von Angela Moorjani und Carola Veit (= Samuel Beckett Today/Aujourd'hui 11). Amsterdam/New York 2001. S. 140-148

Leyda, Jay (Hrsg.): *Eisenstein. A Premature Celebration of Eisenstein's Centenary.* Bd. 2. Kalkutta 1985

McMillan, Dougald/Fehsenfeld, Martha: *Beckett in the theatre.* Bd. 1. New York 1988

Meinecke, Thomas: E-Mail an Gaby Hartel. 8. Dezember 2005

Moorjani, Angela/Veit, Carola (Hrsg.): *Samuel Beckett. Endlessness in the year 2000.* (= Samuel Beckett Today/Aujourd'hui 11). Amsterdam/New York 2002

Mühling, Matthias: *Mit Samuel Beckett in der Hamburger Kunsthalle.* Hamburg 2003

Murphy, P. J. u. a. (Hrsg.): *Critique of Beckett Criticism. A Guide to Research in English, French and German.* Columbia 1994

Nixon, Mark: *»Becketts ›German Diaries‹ der Deutschlandreise 1936 /37«.* In: Der unbekannte Beckett. Samuel Beckett und die deutsche Kultur. Hrsg. von Therese Fischer-Seidel und Marion Fries-Diekmann. Frankfurt a. M. 2005. S. 21-63

Nixon, Mark: *»›Scraps of German‹: Samuel Beckett reading German Literature«.* In: Samuel Beckett Today/Aujourd'hui 16 (2006). S. 1-25

Quadflieg, Roswitha: *Beckett was here. Hamburg im Tagebuch Samuel Becketts von 1936.* Hamburg 2006

Rathjen, Friedhelm: *Samuel Beckett in Selbstzeugnissen und Bilddokumenten.* Reinbek 2006

Robbe-Grillet, Alain: *»Samuel Beckett oder Das Da-Sein auf der Bühne«.* In: Materialien zu Samuel Becketts »Warten auf Godot«. Hrsg. von Ursula Dreysse. Frankfurt a. M. 1973. S. 63-72

Rondinone, Ugo: E-Mail an Gaby Hartel. 29. November 2005

Samuel Beckett. Fotografiert von John Minihan. Mit einem Essay von Aidan Higgins. Frankfurt a. M. 1995

Schopenhauer, Arthur: *Die Welt als Wille und Vorstellung.* Bd. 2. Zürich 1988

Schwab, Martin: *Unsichtbares – Sichtbar gemacht. Zu Samuel Becketts »Film«.* München 1996

Shenker, Israel: *»Moody Man of Letters. A Portrait of Samuel Beckett, Author Of the Puzzling ›Waiting for Godot‹«.* In: New York Times. 6. Mai 1956. 2X, 1 und 3

Simon, Alfred: *Beckett.* Frankfurt a. M. 1988

Simon, Joan: *»Sound Problems: Beckett, Nauman«.* In: Samuel Beckett Bruce Nauman. Hrsg. von Michael Glasmeier u. a. [Katalog Kunsthalle Wien] Wien 2000. S. 17- 37

Spies, Werner: *»Der Betrachter macht das Bild. Die Wirklichkeit der Dinge und die Phantome der Kunst: Cervantes und alle die anderen von Duchamp bis Beckett«.* In: Samuel Beckett Bruce Nauman. Hrsg. von Michael Glasmeier u. a. [Katalog Kunsthalle Wien] Wien 2000. S. 138-148

Strauß, Botho: *»Beckett – unser Zeitgenosse?«.* In: Samuel Beckett. Hrsg. von Hartmut Engelhardt. Frankfurt a. M. 1984. S. 126-130

Veit, Carola: *»Beckett, Beatrice und die fleischliche Lust«.* In: Abkehr von Schönheit und Ideal in der Liebeslyrik. Hrsg. von Carolin Fischer und Carola Veit. Stuttgart 2000. S. 355-371

Veit, Carola: *»Samuel Beckett: ›En attendant Godot‹ (1953)«.* In: Einführung in die französische Literatur des 20. Jahrhunderts. Theater. Hrsg. von Henning Krauß und Konrad Schoell. Tübingen 2006

Whitelaw, Billie: Gespräch mit Gaby Hartel (Tonbandmitschnitt). 1996

Wirsing, Sibylle: *»Es bleibt nichts mehr zu sagen«.* In: Samuel Beckett. Hrsg. von Hartmut Engelhardt. Frankfurt a. M. 1984. S. 298-302

Worth, Kathrine: *»Sources of Attraction to Beckett's Theatre«.* In: Palgrave advances in Samuel Beckett Studies. Hrsg. von Lois Oppenheim. New York 2004. S. 209-226

Internetadressen
http://www.ua.ac.be/beckett (The Samuel Beckett Society)
http://www.samuel-beckett.net (The Samuel Beckett On-Line Resources and Links Pages)
http://www.themodernword.com/beckett (The Modern Word)
http://www.library.rdg.ac.uk/colls/bif (Beckett Foundation Reading)
http://hometown.aol.de/beckettinkassel/index.htm (Beckett in Kassel)

Personenregister

Abramovic, Marina 130
Acconci, Vito 129
Adamov, Arthur 125
Adler, Alfred 35
Adorno, Theodor W. 123 f.
Aischylos 135
Albee, Edward 116
Aldington, Richard 26 f.
Andersch, Alfred 122
Andres, Stefan 125
Anouilh, Jean 117
Armstrong, Louis 27
Arnheim, Rudolf 36
Arp, Hans 26
Audiberti, Jacques 125
Augustinus 59
Auster, Paul 134

Babel, Isaak 126
Bair, Deirdre 15, 27, 44, 58
Ballmer, Karl 40
Balzac, Honoré de 19, 23, 29, 72 f.
Barlog, Boleslaw 53 f., 123
Barnes, Djuna 26
Bataille, Georges 51
Baumgart, Reinhard 125
Beckett, Frank Edward 14-17, 41, 61
Beckett, Mary (May), geb. Roe 13-16, 32, 41, 47
Beckett, William (Bill) 11-15, 32, 34
Beethoven, Ludwig van 17, 129
Berkeley, George 101
Bernhard, Thomas 123, 134
Bion, Wilfred Ruprecht 35
Blanchot, Maurice 51

Blau, Herbert 114, 118
Blin, Roger 51
Bondy, Luc 9, 104
Bollmann, Horst 89 f.
Bordas, Pierre 49, 51
Borges, Jorge Luis 60
Brecht, Bertolt 121 f., 135
Breughel d. J., Jan 7, 31
Brockmeier, Peter 125
Burrows, Rachel 30

Cage, John 64, 132
Camus, Albert 41, 67
Capablanca y Graupera, José Raúl 12
Caravaggio 56
Cervantes, Miguel de 61
Chaplin, Charlie 29, 121
Claudius, Matthias 93
Clurman, Harold 118
Comisso, Giovanni 26
Corneille, Pierre 29
Crowder, Henry 26
Cunard, Nancy 26 f.

Dante Alighieri 18, 61, 70, 135
Descartes, René 18, 26, 81
Deschevaux-Dumesnil, Suzanne 8, 21, 41-46, 51 f., 60 f., 66
Diederichsen, Diedrich 119
Douglas, Stan 129
Doyle, Arthur Conan 17
Driver, Tom 20, 59, 118
Duchamp, Marcel 12, 21
Duthuit, Georges 45

Einstein, Carl 26
Eisenstein, Sergej 36 f., 100
Eliot, Thomas Stearns, 27
Elsheimer, Adam 19

Esslin, Martin 26, 55, 59 f., 64, 113, 118 f., 122 f.

Federman, Raymond 124, 128, 134 f.
Feldman, Morton 133
Flaubert, Gustave 29
Freud, Sigmund 81
Friedrich, Caspar David 55, 87 f.
Frisch, Max 123, 133
Fritsch, Werner 135
Fuegi, John 121

Gelber, Jack 116
Genest, Gudrun 88
Giacometti, Alberto 21, 84
Gide, André 18, 29
Giorgione 19, 40
Glass, Philip 132 f.
Goebbels, Joseph 39
Göring, Hermann 39
Goethe, Johann Wolfgang von 19, 38
Goldsmith, Oliver 17
Gombrowicz, Witold 126
Grass, Günter 123
Greenaway, Peter 113
Grohmann, Will 39
Guggenheim, Peggy 42

Hals, Frans 19
Handke, Peter 123
Havel, Václav 51, 126
Hecht, Werner 121
Heine, Heinrich 38
Held, Martin 91, 99
Hildesheimer, Wolfgang 125
Hirst, Damian 130
Hitler, Adolf 39
Hobson, Harold 117

Hölderlin, Friedrich 38
Hübner, Alfred 95

Ionesco, Eugène 120, 122, 125

Johns, Jasper 64, 129
Johnson, Samuel 82
Jones, Ernest 35
Jouve, Pierre-Jean 28
Joyce, James 22-25, 30 f., 48, 72, 120, 134 f.
Joyce, Lucia 23 f.
Jung, Carl Gustav

Kafka, Franz 135
Kandinsky, Wassily 21
Kant, Immanuel 81
Karmitz, Marin 62
Kaun, Axel 40
Keaton, Buster 62 f., 101
Keats, John 19
Kenner, Hugh 73
Klossowski, Pierre 51
Knowlson, James 12, 15, 29, 37, 48, 51
Kohout, Pavel 126
Kundera, Milan 126

Le Va, Barry 130
Larbaud, Valéry 18
Leiser, Erwin 118
Lem, Stanisław 124
Lentz, Michael 135
Leventhal, Con 30, 97
LeWitt, Sol 63, 129
Lindon, Jérôme 51, 60
Little, Roger 18
Luft, Friedrich 129
Lukács, Georg 122

MacCarthy, Ethna 19, 60-62
MacGreevy, Thomas 20-22, 27-32, 34, 36, 45, 49, 82
Mamet, David 116
Manning Howe, Mary 13, 15, 34, 40, 53, 61, 66
Masson, André 21
Matisse, Henri 45
Mauthner, Fritz 23
Meinecke, Thomas 134
Mendel, Deryk 53
Montale, Eugenio 26
Morris, Robert 131
Mrożek, Sławomir 126
Müller, Heiner 9, 121-123.

Nauman, Bruce 63, 128-130
Nietzsche, Friedrich 81

O'Casey, Sean 51, 116

Page, Sheila 15
Paik, Nam June 63, 129
Panofsky, Erwin 40
Pascal, Blaise 117
Pelorson, Georges 22, 29, 33
Péron, Alfred 21, 46
Péron, Mania 46, 48
Perugino 32
Pinter, Harold 9, 115 f.
Pirandello, Luigi 117
Potter, Dennis 127
Proust, Marcel 18, 27, 135
Pudowkin, Wsewolod 36

Quadflieg, Roswitha 37

Racine, Jean 29
Rank, Otto 35
Reavey, George 39, 43

Rembrandt, Harmensz 19
Renard, Jules 31
Rimbaud, Arthur 33
Robbe-Grillet, Alain 114 f.
Röhm, Ernst 39
Rondinone, Ugo 134
Rossett, Barney 62
Rudmose-Brown, Thomas B. 18, 20, 28, 33 f.
Rülicke-Weiler, Käthe 121
Rumsfeld, Donald 112

Saroyan, William 115
Sartre, Jean-Paul 42, 49, 67
Schapire, Rosa 40
Schehadé, Georges 125
Schneider, Alan 62, 101
Schopenhauer, Arthur 27, 41, 70, 73 f., 78 f., 81
Schröder, Ernst 90
Schubert, Franz 17
Schultz, Eva-Katharina 94
Shakespeare, William 61, 135
Shepard, Sam 116
Simpson, Norman F. 116
Sinclair, Cissie 19
Sinclair, Morris 34
Sinclair, Peggy 19, 25, 34, 62
Sinclair, William (Boss) 19, 33
Sontag, Susan 119
Stendhal 29
Stoppard, Tom 116 f.
Strauß, Botho 9, 125
Steier, Shirly 105
Stock, Werner 88
Suter, Gody 120
Swift, Jonathan 17
Synge, John Millington 17

Tabori, George 128

Thomas, Dylan, 41

Thompson, Geoffrey 34

Tizian 19

Truffaut, François 64

Tzara, Tristan 51

Unseld, Siegfried 8, 56, 124, 134

Ussher, Percy (Arland) 39

Velde, Bram van 21, 49 f., 120

Velde, Geer van 21, 49 f., 120

Völker, Klaus 121

Wallace, Edgar 12

Walser, Martin 125

Walther von der Vogelweide 38

Whitelaw, Billie 49, 66, 106 f., 130

Wilde, Oscar 17

Wilson, Robert 120

Wohlwill, Gretchen 39

Yeats, Jack Butler 32

Yeats, William Butler 27

Werkregister

Alle die da fallen (All That Fall)
100, 126
Aschenglut (Embers) 60, 99
Assumption 26, 68
Aufs Schlimmste zu (Worstward
Ho) 108, 110

Breath 129 f.

Cascando 99 f.
Le Concentrisme 29

Damals (That Time) 54, 105
107
Dante... Bruno. Vico.. Joyce 18,
21, 25, 71, 120
Disjecta 40, 64
Drei Dialoge 45

Eleutheria 74, 82, 88
Das Ende (Novelle: La fin) 49
Endspiel (Fin de partie) 54, 56,
72, 87-91, 96, 110, 120
Erste Liebe (Premier amour) 74

Film 62, 101, 127, 131
From the Only Poet to a Shining
Whore 26

Geistertrio (Ghost Trio) 102, 128
Gesellschaft (Company) 11, 108 f.,
130
Glückliche Tage (Happy Days)
54, 93-96

He, Joe 101 f.
Human Wishes 82

Immer noch nicht mehr (Stirrings
Still) 65, 108, 110

Katastrophe (Catastrophe) 51,
108 f.

Das letzte Band (Krapp's Last
Tape) 48, 54, 62, 91, 99

Malone stirbt (Malone meurt)
74, 77-79, 130
Mehr Prügel als Flügel (More
Pricks than Kicks) 19, 34, 51, 67-
70
Mercier und Camier 49, 74 f.
Molloy 47, 51, 74, 76 f., 78, 130
Murphy 35, 39, 41, 49, 67-73, 78

Nacht und Träume 102
Der Namenlose (L'Innommable)
74, 79-82, 82, 96 f.
Nicht Ich (Not I) 56, 104 f., 127
Novellen 74 f.
... nur noch Gewölk... (... but the
clouds...) 102, 128

Ohio Impromptu 107, 110

Proust 21, 28

Quadrat (Quad) 103

Rockaby 106 f.

Schlecht gesehen schlecht gesagt (Mal vu mal dit) 108 f., 110
Spiel (Play/Comédie) 53 f., 62,
89, 104, 129
Spiel ohne Worte II 120

Texte um Nichts (Textes pour rien) 81 f.

Traum von mehr bis minder schönen Frauen (Dream of Fair to Middling Women) 30, 33, 67-71

Tritte (Footfalls) 54, 105

Der Verwaiser (Le Dépeupleur) 108 f.

Warten auf Godot (En attendant Godot) 44, 46, 52-56, 58 f., 62, 64, 67, 75, 82-87, 112-121, 126

Was wo (What Where) 51, 129

Watt 44, 67-71, 78

weder noch (neither) 133

Die Welt und die Hose 46 f., 50, 120

Whoroscope 26 f., 51

Wie es ist (Comment c'est) 97 f., 108 f.

Wie soll man sagen (Comment dire) 65, 110

Worte und Musik 99

Bildnachweis

Jerry Bauer, Rom: 7. Edward Beckett: 18, 47. Caroline Beckett Murphy: 16. Mary Bryden, Reading: 44. Dartmouth College, Hanover: 61. David H. Davison / Davison & Associates, Dublin: 13. Deutsches Theatermuseum München, Archiv Ilse Buhs: 88, 90. Gerry Dukes, Dublin: 135. Les Editions de Minuit, Paris: 74. Galerie Lelong, Paris: 50. Michael Glasmeier, Braunschweig: 113. Anneliese Heuer, Berlin: 3, 54. National Library of Ireland, Dublin: 28. R. Nusimovici: 104. G. + W. Pabst, Uhingen: 102. Georges Pierre: 84. Frank Serjack: 63. State University of New York, Rare Books Collection, Buffalo: 24. Stiftung Moritzburg, Halle: 38. Mita und Edmund Tuby: 42. University of Texas, Harry Ransom Humanities Research Center, Austin: 68, 127
Für die Wiedergabe der Werke von Bruce Nauman aus Seite 130: © VG Bild-Kunst, Bonn 2006
Umschlagfoto: Hugo Jehle / ullstein bild

Alle anderen Abbildungen stammen aus dem Archiv der Autorinnen bzw. des Suhrkamp Verlags.
Nicht in allen Fällen ist es uns gelungen, die Rechteinhaber ausfindig zu machen; wir bitten um Mitteilung an den Verlag.

Danksagung

Wir möchten all den Partnern, Freunden und Kollegen im Hintergrund danken, die nun schon seit Jahren unsere immer wiederkehrenden Beckett-Phasen mittragen und bereichern: Raymond Federman, Michael Glasmeier, Bettina Jänisch, Frank Kaspar, James Knowlson, Werner Linster, Roswitha Quadflieg, Uli Weis, Ulrich Veit.

Zum Weiterlesen:

James Knowlson
Samuel Beckett
Eine Biographie
Aus dem Englischen von Wolfgang Held
Mit zahlreichen Abbildungen
1120 Seiten. Gebunden und kartoniert

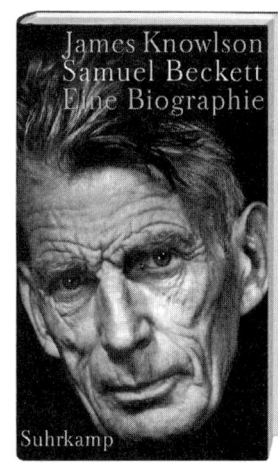

James Knowlson, der Becketts Werk über drei-
ßig Jahre lang erforscht hat, war mehr als zwei
Jahrzehnte mit dem Autor befreundet. Ein halbes Jahr vor seinem Tod autorisierte Samuel Beckett das Biographieprojekt. Knowlson fördert
viel Unbekanntes ans Licht; so erhielt er als erster Zugang zu den aufregenden Tagebüchern
von Becketts Deutschlandreise 1936/37. Mit seinen umfassen-
den Kenntnissen kann er zeigen, wie auch das Spätwerk, das
biographische Anspielungen eher vermeidet, in Leben und
Denken des Autors verwurzelt ist.

»Knowlsons Opus darf mit Recht als die definitive Biogra-
phie eines der bedeutendsten Schriftsteller des zwanzigsten
Jahrhunderts gelten. Selbst der Kenner erfährt hier noch viel
Neues.«
Thomas Wagner, *Frankfurter Allgemeine Zeitung*

Samuel Beckett
Nacht und Träume
Gesammelte kurze Stücke
Aus dem Französischen und
Englischen von Erika und
Elmar Tophoven
360 Seiten. Gebunden

Auf Einladung der BBC schreibt Samuel Beckett 1956 sein erstes Hörspiel *Alle die da fallen.* Sein Biograph James Knowlson nennt es »trotz der gattungsgemäßen Verschiedenheit das komische Gegenstück zu *Endspiel*«.

Dieses Hörspiel ist der Beginn einer Reihe kurzer, dramatischer Stücke, die im Gesamtwerk von Samuel Beckett an zentraler Stelle stehen. Ab jetzt wendet er sich neben dem Theater auch anderen Medien zu, dem Radio, dem Film und dem Fernsehen, und wie ein Netz legen sich Motive und Querverweise über die in diesem Band veröffentlichten Stücke. Es sind vor allem Motive, die sich den Inspirationen Becketts durch die Malerei und die Musik verdanken. So ist nicht zufällig *Nacht und Träume* der Titel eines späten Schubert-Liedes.

Diese Ausgabe enthält zum ersten Mal außer *Eleutheria, Warten auf Godot, Endspiel* und *Glückliche Tage* sämtliche Stücke – Theaterstücke, Hörspiele, Pantomimen, Fernsehspiele –, die bisher in Einzelausgaben verstreut erschienen sind, chronologisch geordnet in einem Band.

Samuel Beckett
Dante und der Hummer
Gesammelte Prosa
Aus dem Französischen und Englischen
von Elmar und Erika Tophoven
363 Seiten. Gebunden.

Dante und der Hummer – so der Titel einer Erzählung aus Becketts Erzählzyklus *Mehr Prügel als Flügel* – macht alles, was in den *Werken*, in Einzelausgaben und sonst verstreut von Becketts kürzerer erzählender Prosa auf deutsch erschienen ist, zum ersten Mal in einem Band verfügbar. Dazu kommen drei kleine deutsche Erstveröffentlichungen: *Das Bild, weder noch* und *Wie soll man sagen.*

Suhrkamp BasisBiographien

Ein spannendes Leben, ein beeindruckendes Werk, eine bleibende Wirkung – die Suhrkamp BasisBiographien erzählen von Leben, Werk und Wirkung der großen Persönlichkeiten der Weltgeschichte.

Hermann Hesse
Von Michael Limberg
sb 1. 160 Seiten
ISBN 3-518-18201-3

Friedrich Schiller
Von Volker Dörr
sb 2. 160 Seiten
ISBN 3-518-18202-1

Hans Christian Andersen
Von Gisela Perlet
sb 3. 160 Seiten
ISBN 3-518-18203-X

Walter Benjamin
Von Momme Brodersen
sb 4. 160 Seiten
ISBN 3-518-18204-8

Buddha
Von Ursula Gräfe
sb 5. 160 Seiten
ISBN 3-518-18205-6

Che Guevara
Von Stephan Lahrem
sb 6. 160 Seiten
ISBN 3-518-18206-4

Heinrich Heine
Von Joseph A. Kruse
sb 7. 160 Seiten
ISBN 3-518-18207-2

Isabel Allende
Von Martina Mauritz
sb 8. 160 Seiten
ISBN 3-518-18208-0

Ludwig Wittgenstein
Von Joachim Schulte
sb 9. 160 Seiten
ISBN 3-518-18209-9

Wolfgang Amadeus Mozart
Von Malte Korff
sb 10. 160 Seiten
ISBN 3-518-18210-2

Thomas Bernhard
Von Manfred Mittermayer
sb 11. 160 Seiten
ISBN 3-518-18211-0

Wolfgang Koeppen
Von Günter & Hiltrud Häntzschel. sb 12. 160 Seiten
ISBN 3-518-18212-9

Samuel Beckett
Von Gaby Hartel/Carola Veit
sb 13. 160 Seiten
ISBN 3-518-18213-7

Christoph Kolumbus
Von Frauke Gewecke
sb 14. 160 Seiten
ISBN 3-518-18214-5

Die erste Porträtreihe zum Hören – die moderne Art, Wissen zu genießen

Von jeweils drei Sprechern lebendig vorgetragen, mit umfangreichem Booklet.
Je 2 CDs, 160 Minuten, 20-seitiges Booklet
€ 17,95 [D] / € 18,60 [A] / sFr. 33,50

| Hoffmann und Campe |